名师名校名校长

凝聚名师共识
固化名师关怀
打造名师品牌
培育名师群体

顾明远题

基于
学生核心素养的高中英语
教学建设

段宝国 / 著

西南大学出版社
SWUP 国家一级出版社 全国百佳图书出版单位

图书在版编目（CIP）数据

基于学生核心素养的高中英语教学建设 / 段宝国著
. -- 重庆 : 西南大学出版社, 2023.12
ISBN 978-7-5697-2193-5

Ⅰ. ①基… Ⅱ. ①段… Ⅲ. ①英语课－教学研究－高
中 Ⅳ. ①G633.412

中国国家版本馆CIP数据核字(2023)第255383号

基于学生核心素养的高中英语教学建设

JIYU XUESHENG HEXIN SUYANG DE GAOZHONG YINGYU JIAOXUE JIANSHE

段宝国　著

责任编辑：张　庆
责任校对：张　琳
装帧设计：言之凿
出版发行：西南大学出版社（原西南师范大学出版社）
印　　刷：北京政采印刷服务有限公司
成品尺寸：170 mm×240 mm
印　　张：12.5
字　　数：167千字
版　　次：2023年12月　第1版
印　　次：2023年12月　第1次印刷
书　　号：ISBN 978-7-5697-2193-5

定　　价：58.00元

前言
FOREWORD

与其他学科相比，英语的学科特点更加显著。英语是一门以语言学习为主的综合性学科。英语是包罗万象、涉猎广泛的知识学科，不仅涵盖语言学习的技巧与能力，还蕴含着不同的地域文化。学习英语可以帮助我们在学习语言知识的同时扩大知识面，把握时代脉搏，提升自身文化素养。

首先，英语学习具有很强的记忆性。它是一门语言学科，需要记忆大量的信息，以备后期的输出。学好英语要记单词、固定搭配、语法规则、时态、句型，在记忆的基础上灵活运用英语知识。其次，英语学科的新异性是每个英语学习者都能体会到的。英语这个语种无论是从发音、语调、语法、词汇、表达方式，还是书写角度看，都与我们的母语——汉语之间有很大的差异，而无论从历史发展，还是文化、宗教信仰、经济等方面看，英语承载的欧美文化与我们中国的传统文化之间的差异更是显著。这就是英语对于我们来说的新异性。再次，英语的应用性是显而易见的。它是国际通用的语言，是世界上绝大多数人认可的通用的交际工具，因此它的使用也越来越广泛。随着信息技术的普及，我们在手机、平板、PC等信息化设备上也接触到了更多的英文语句。在国家推行素质教育的今天，英语学科也一直为学校所重视。从小学到大学，英语是伴随中国学生学习时间最长的课程之一，因而家庭、学校和社会也更加重视英语这门课程。最后，英语学科是富含人文性的。英语是一门语言，但又不仅仅是语言，它还包含了文化和人文内涵。我们在学习英语时，通过英语的表达方式、国外的故事和节日还可以了解到异国的风俗习惯、历史、文化、地理、社会生活、政治经济、教育科技等，这不仅让我们了解到欧美国家的人文内涵，还使我们理解了世界文化的多元与丰富多彩。英语学科汇聚多种优势于一身，学习英语不仅可以让我们感受到其魅力所在，还可以为我们打开通往世界文化的大门。因此，学好英语很关键，它不仅关系着学生的学业，还标志着人们与时俱进的脚步。

进入高中后，同学们普遍反映高中英语的难度大大增强。首先，教材结构设置更加灵活，转向了以探究性学习和自主学习为主的方式。其次，词汇量要求和语法知识也有明显增多的趋势。最后，在教学的方法上，阅读教学的比重大幅上升，阅读题型也成了考试的重中之重。对此，许多学生在学习英语时，容易出现找不到好的学习方法、学习效率低下等问题。为了缓解这些问题，教师们可以从核心素养的理念出发来制定教学策略、创新教学方法。

学生核心素养，主要是指学生应具备的、能够适应终身发展和社会发展需要的必备品格和关键能力。发展核心素养是落实立德树人根本任务的一项重要举措，也是适应世界教育改革发展趋势、提升我国教育国际竞争力的迫切需要。本着科学性、时代性和民族性的原则，我国核心素养课题组精心开展研究，完善了素养的框架，并认真对接课程标准完成了修订任务，还通过广泛征求意见，完成了对核心素养的修改和完善。它更加关注人的全面发展、合作参与和创新实践等内容，为各学科的教学指明了方向并提供了有效的思路。

首先，本书对国内外的核心素养进行了分析、比较和研究。其次，基于学生发展核心素养的理念，本书将核心素养与高中英语教学对接，归纳了英语学习能力和英语学科的核心素养。再次，基于对核心素养的分析，本书对高中英语的课程建设和教学环节与核心素养融合的策略提出了具体的、具备操作性的观点。最后，基于培养学生核心素养的前提，本书对高中英语教师提出了诚挚的教学建议。

笔者希望能为高中英语教师提供一些新的教学思路，为高中英语教学贡献自己的力量。

目录

CONTENTS

第四章 教学环节与核心素养

第五章 对高中英语教师的若干教学建议

第六章 高中英语必修一Unit 1—3教学设计案例

第一章

1

核心素养概述

第一节　国内外研究现状

一、我国关于核心素养的研究

在2013年之前，我国的学者对核心素养的研究主要基于国际组织与国外的核心素养介绍，直到2013年，我国学者才开始自行研究核心素养并对我国的核心素养构建发展给予了更多关注。2013年，由教育部委托、北京师范大学林崇德教授牵头，“我国基础教育阶段和高等教育阶段学生核心素养模型研究”这项重大的项目正式启动，这个项目正式拉开了我国核心素养研究的序幕。

2014年3月30日，教育部正式印发了《教育部关于全面深化课程改革　落实立德树人根本任务的意见》，首次在国家文件中提出“研究制订学生发展核心素养体系和学业质量标准”。随之而来的，是“核心素养”概念的广泛应用和被更多的人熟悉，因此大家对核心素养内涵的讨论也越来越多，这也是我国重视并研究核心素养的起步环节。

国内关于核心素养较早的研究是从建立教育质量标准的需求出发的，国内认为学生的核心素养是涉及学生知识、技能、情感态度、价值观等多方面能力的要求，是个体能够适应未来社会、促进终身学习、实现全面发展的基本保障，这也是核心素养的价值定位。此外，我国早期的核心素养的研究还在世界组织和国家核心素养框架的基础上进行了分析，并提出了我国核心素养体系构建的建议。

我国许多学者对核心素养的研究与国外对于核心素养的内涵界定基本相似，都认为基础性、综合性是核心素养的根本特质，促进人的全面发展是其内核。还有的学者将各个国家和地区对核心素养概念、内涵的界定进行了整合，同时考虑我国的实际教育情况和需求，并从各学科不同的角度出发，分别从目标、性质、内容、功能、培养、评估等方面对核心素养的概念进行了细化，将其定义为“学生在接受相应学段的教育过程中，逐步形成的适应个人终身发展和社会发展需要的必备品格与关键能力”。

2016年2月，《中国学生发展核心素养（征求意见稿）》公布，该意见稿列出了社会责任、国家认同、国际理解、人文底蕴、科学精神、审美情趣、学会学习、身心健康、实践创新这九大综合素养，并且对这些综合素养进行了细化，进一步完善出25项素养，从而对我国要培养的人才类型和要求进行了明确具体的回答。自此，带有我国特色的核心素养体系初步形成。

在核心素养体系的构建方面，我国采取了自上而下和自下而上相结合的整合型思路，以焦点小组访谈与问卷调查相结合的方式展开了对学生核心素养的实证研究，同时这也将成为我国构建核心素养的理论依据。随着构建核心素养的意见的形成和核心素养理念逐渐深入人心，将核心素养稳步、有效、有针对性地落实于教学中，成为我国全体教育工作者在新时代的重要工作职责。

二、国外关于核心素养的研究

时至今日，核心素养在内容结构、课程体系、质量保障等方面已经形成了比较完备的系统，核心素养不仅是我国当下的教育理念趋势，更是西方发达国家课程教学改革的支柱理念。核心素养的研究开始于20世纪末21世纪初，这正是国际教育改革的交汇阶段。虽然世界各国和地区有着不尽相同的教育理念和改革方向，但是其共同点是都聚焦学生全面发展的综合素养的研究，这也促进了世界对核心素养研究的多维演进。在国外关于核心素养的研究中，比较典型的有：联合国教科文组织，经济合作与发展组织，欧盟组织和以美、日为代表的国家对核心素养展开的研究。

联合国教科文组织主导的核心素养研究是以终身学习为目标的，它在1972年发布了《学会生存——教育世界的今天和明天》，该报告指出人的发展目标是“人的完整实现”，并提出了全面教育的主张。之后联合国教科文组织在1996年出版了《教育——财富蕴藏其中：国际21世纪教育委员会报告》这本书，该书提出了学会求知、学会做事、学会共处和学会生存是21世纪公民必备的四大核心素养。2003年，联合国教科文组织提出将“学会改变”列为第五大核心素养。

经济合作与发展组织早在1997年就启动了“素养的界定与遴选：理论和概念基础”项目，尝试建构核心素养总体概念参照框架并统一核心素养的概念和研究指标，以此促进成员国之间的相互学习和交流。2005年，经济合作与发展组织与联合国教科文组织合作出版了《发展教育的核心素养：来自一些国际和国家的经验和教训》，其中指出核心素养是使个人过上理想生活和现实社会良好运转所需要的基本素养。此后对核心素养的研究开始逐步深入。

欧盟组织于2002年首次在工作报告中提出了核心能力的概念，在对IT、外语、技术文化、创业精神和社会活动这五项基本能力分析的基础上提出了八项核心素养的教育主张。一年后，其又对这八项核心素养进行了文字表述修饰。2006年，欧盟委员会提出的八项核心素养提案通过后，核心素养方案成了欧盟成员国引领本国终身学习和教育与培训改革的参照体系。

美国对核心素养的研究主要通过研究核心课程来表现。1991年，美国确立了英语、数学、科学、历史、地理这五门核心素养课程，力求使学生对这五门学科的学习达到世界领先水平。1993年，美国又将外语和艺术两门课程加入核心素养课程中。进入21世纪后，美国又确立了包括21世纪课题研究能力，学习及革新能力，信息、媒体及技术能力，生存及职业能力在内的核心能力。

日本通过不断进行以能力为目标的教育改革来完成核心素养的研究。20世纪80年代，日本提出了尊重学生个性和创造性发展、尊重文化传统的观点，倡导培养学生的自我教育能力。1996年，日本又提出了培养学生生存能力的教育改革目标。2002年，日本的中小学全面展开了以能力为核心的基础教育课程改革。此后日本又研发了以“思考力”为核心的教育理念，其重点在于强化语言力、数理力、信息力和实践力，力求形成独树一帜的核心素养理念。

第二节 核心素养的概念与现状

一、核心素养的概念

随着“核心素养”一词逐渐成为教育领域的热点，对核心素养的使用和研究也越来越多，在将核心素养与高中的英语教学建设相结合之前，对核心素养概念的界定和梳理还是很有必要的。

核心素养的概念源于西方，其英文名称是“Key Competencies”，“Key”的含义是关键的、主要的、秘诀等，而“Competencies”的含义是能力素质。单从字面意思就可以看出，核心素养就是人所应该具备的、主要的、关键的能力素质。

中国学生发展核心素养是为适应世界教育改革发展的趋势和我国教育国际竞争力的需要，是党的教育方针的具体化，深入回答了“立什么德、树什么人”的根本问题，不仅如此，它还引领着课程改革。

中国学生发展核心素养的核心是培养“全面发展的人”，这个核心辐射出了文化基础、自主发展和社会参与三个方面。这三个大方面又细化为六大核心素养，而每个核心素养又辐射出多方面的内容，具体有十八个基本要点。

第一，在文化基础方面，核心素养强调的是学习人文、科学等各个领域的知识和技能，掌握和运用人类优秀的智慧成果，发展成为有深厚文化基础和更高精神追求的人。一方面，学生需要具备人文底蕴，这是学生在学习、理解和运用人文领域知识与技能等方面所形成的基本能力、情感态度和价值取向，这也为我们日常的教学目标提供了导向性原则。人文底蕴需要学生具有古今中外的知识成果的积累，能理解和掌握人文思想中所蕴含的认识方法和实践方法，这是人文积淀的体现；还要求学生具备以人为本的意识，懂得尊重、维护人的尊严和价值，关切人的生存、发展和幸福等，这些是人文情怀的体现；还需要学生有较高的审美情趣，比如，健康的审美价值取向、艺术表达和创意表现的兴趣和意识等。另一方面，文化基础需要学生具备科学精神，包括理性思维、批判质疑和勇于探究的精神，力求培养学生解决问题、独立判断的能力，保持他们的好奇心和想象力。

第二，在自主发展方面，核心素养显示了以人为本的根本属性，强调自主管理学习和生活，发掘其自身的价值。一方面，要学会学习，以乐学、善学的理念培养兴趣和习惯，认识学习的价值；养成勤于反思的习惯，善于总结经验并有效地选择和调整学习策略；形成信息意识，对信息的获取、评估、鉴别和使用做到安全、有效。另一方面，要懂得健康地生活，珍爱生命是健康生活的基础，要学会尊重生命的意义和人生的价值，养成健康文明的生活方式；健全的人格是健康生活的重要保障，要养成积极的心理品质，正确对待挫折、困难，学会调节自己的情绪等；自我管理是健康生活的高层次追求，它要求能够正确地认识和评价自我，发展自身个性、潜质以及达成目标的持续行动力。

第三，在社会参与方面，核心素养体现了人的本质属性是社会性这一原理，强调人要处理好自我和社会的关系、增强社会责任感、推动社会发展进步等方面的内容。社会参与强调人的责任、担当，重视学生在处理与社会、国家、国际等关系方面所形成的情感态度、价值取向和行为方式。

（1）学生要明确社会责任，这是责任担当中的重要内容。自身方面要自尊自律、明辨是非、积极履行公民的义务；与人相处方面，要诚信友善、孝亲敬长、对他人负责；对待社会要热心公益、维护社会的公平正义、热爱并尊重自然。

（2）学生应该增强国家认同感，有国家意识，尊重国家的文化成果，坚持中国共产党的领导，把实现中华民族伟大复兴的信念落实在行动上。

（3）学生要具有开放的心态，关注人类面临的全球性问题，理解人类命运共同体的内涵与价值。

（4）社会参与要更重视实践创新。其一，学生要具备劳动意识，不仅要培养积极的劳动态度和习惯，还要学习劳动的技能；其二，要关注问题的解决，善于发现和提出问题，在复杂的问题中培养行动的能力；其三，要重视技术的应用，提升学习、掌握技术的兴趣和意愿，在技术和人类文明有机联系的基础上勇于创新。

二、核心素养的现状

核心素养的主要落实渠道是教学，而教学是“教”与“学”的双向过程，因此核心素养的现状包括两大方面：第一，教师对学生核心素养的认识现状；第二，学生核心素养的培养现状。

（1）教师对学生核心素养的认识现状。

第一，自从教育部确立了核心素养在教育领域，尤其是教育改革中的地位之后，全国各地区的学校纷纷传达了核心素养的理念，组织教师学习核心素养的理论知识，探讨核心素养在各个学科和学段的目标以及培养策略，还会开展一些以“核心素养”为主题的活动，让师生在活动中加深对核心素养的认识和理解，学校十分注重鼓励教师们自主研究核心素养以及其在教学中的应用。这样自上而下地对核心素养进行研究的积极性是不言而喻的。学校的做法也是积极践行、落实核心素养理念的表现，起到了很好的带头作用。

第二，教师培养学生核心素养的意识已经有了显著增强的趋势。许多教师都发表了基于核心素养谈论教学策略、模式等内容的文章，在学习核心素养理论的基础上，力求将核心素养有效地融入教学之中。教师们对于核心素养在教学中的运用从理论方面分析得透彻而全面，包括教学目标设置、情境导入过程、教学过程、布置作业、教学反思等诸多方面都在核心素养的基础上进行了分析和探究。现阶段大部分教师在备课的过程中，都能够正确认识备课，严格遵守核心素养的理论来制定教学目标。目前，在教学备课中，教师普遍把教学目标分为三个等级：知识与技能、过程与方法和情感态度与价值观。这是我们常说的教学“三维目标”，它既全面地从各个维度上分析了学生要学的内容、教学的方向，又是贯彻落实核心素养的最好体现。2001年启动的新课程改革的基本标志之一就是从“双基”走向“三维目标”，“三维目标”之于“双基”既有继承，又有超越，而核心素养之于“三维目标”同样也既有传承，又有超越。在内涵上，核心素养和“三维目标”存在着共性的东西，都是注重学生的品格和能力的培养。在立意方面，核心素养又有着超越“三维目标”和创新的一面，它更能体现以人为本的教育思想。因此，“三维目标”不是教学的终极目标，而是核心素养形成的要素和重要的路径。教师在备课中落实“三维目标”，也从侧面反映了培养学生核心素养意识的增强。

第三，教师对于培养学生的核心素养的认识还存在着许多问题。

一方面，三维教学目标在性质方面距离核心素养理论的要求还有一定的差距，其目标的规定缺乏对教育内在性、人本性、整体性和终极性的关注。不仅如此，还缺乏对人的发展内涵，特别是关键的素质要求进行详细的描述和科学的界定。这些在一定程度上达不到核心素养的要求，而教师将“三维目标”作为备课时的目标宗旨，显然不能够很好地落实核心素养理念。另一方面，许多教师只重理论而不注重实践。教师在备课时是本着核心素养的要求，但是实际在课堂中容易习惯性地回到原有的状态。“满堂灌”的模式根深蒂固，重视不起来核心素养的培养甚至无形中让学生继续走上了被动学习的老路，总之将核心素养落实在课堂中还存在着这样或者那样的困难。还有的教师认为自己在课堂中落实了核心素养，但是效果并不理想。而对于如何解决这些问题，目前还没有较好的、可行的策略。这些都反映了教师对培养学生核心素养的认识还不到位。

（2）学生核心素养的培养现状。

第一，现阶段的教育还留有应试教育的痕迹，虽然国家倡导素质教育已经很久，但是现阶段许多中小学，尤其是高级中学还偏向于应试教育，存在“以分数论英雄”的现象。目前考试的制度、难度以及学生之间的竞争等现状让许多学校很难脱离应试教育，教师在教学中也会自然而然地更偏重于应试教育。比如，训练学生对课标知识的掌握、提高学生的做题速度和效率、帮助学生寻找做题的技巧、培养学生的学习能力等。因此核心素养的落实也会出现困难。

第二，现阶段，许多教师更重视理论知识，更关注学生对理论知识的学习和掌握，而忽视培养学生自主探究、实践等综合能力的发展，忽视学生的情感成长和其与社会的联系，这样不仅是对学生教育的禁锢，更是有违核心素养要求的。许多教师的潜意识里会认为，带领学生学会理论知识是最重要的，这样不仅可以确保他们取得满意的成绩，还可以解决升学的问题。而对于自主探究和实践则会依据学生兴趣、教学时间安排等一些客观因素将其作为“选修课程”进行开展，教师不够重视的态度导致了许多学生的自主探究和实践环节效果大幅度缩水。这样的现状，在很大程度上制约了学生核心素养的培养。

第三，许多学校、教师乃至家长都不重视甚至反对学生的特长发展，他们更多地认为，学习文化课程和理论知识，按照“正规的学习流程”升学、发展才是学生发展的“正道”。这是传统观念的反映，是社会普遍存在的陈旧思想，即认为学生发展特长应该作为业余爱好而不能当作人生的出路，同时也反映了大众对核心素养认识的不足。核心素养关注的是人的全面发展，因此应鼓励每个学生发展自己的优势和特长，期待每个人都能找到属于自己的发展模式，能够最大限度地实现自我发展与完善。还有许多家长看到孩子文化课的成绩不理想，就有依托特长来达到升学目的的思想。比如，孩子的文化课成绩迟迟不能提升，就让孩子学艺术等特长。因为众所周知，艺术特长生在升学时对其文化成绩的要求相对低一些。为了达到升学的目的而培养学生特长也是违背核心素养理念的，这是一种投机取巧的行为，并非真正从核心素养的角度出发去培养学生的兴趣。因此这也成为落实培养学生核心素养的障碍。

第四，我国从提出核心素养、研究核心素养到提倡核心素养的时间还比较短，我国对核心素养及其应用的研究还远远不够。因此在教育教学中要落实核心素养，在培养学生核心素养方面，我们的经验还是比较少的，还处于初步探索学生核心素养的阶段，许多现象有待进一步的研究，许多问题仍有待解决，这也是目前培养现状令人不满意的主要原因之一。

第三节　核心素养的重要意义

核心素养的培育需要良好的教育，但遗憾的是，在我国中小学，普遍可以看到有些学生学科知识掌握得很牢固，解题能力也很强，而近距离“接触”他们，马上就会感受到他们身上缺少了什么，这东西就是素养。

北京师范大学肖川教授认为，从学科角度讲，要为素养而教，学科及其教学是为学生素养服务的。而不是为了学科而教，把教学局限于狭隘的学科本位中，过分地注重本学科的知识与内容、任务和要求，这样将十分不利于培养视野开阔、才思敏捷并具有丰富文化素养和哲学气质的人才。实际上，任何学科知识就其结构而言，都可以分为表层结构和深层结构。表层意义就是语言文字符号所直接表述的学科内容，深层意义是蕴含在学科知识内容和意义之中或背后的精神、价值、方法论、生活意义。表层结构和意义的存在方式是显性的、逻辑的、主线的。深层结构和意义的存在方式则是隐性的、渗透的、暗线的，但它是学生素养形成和发展的根本。任何学科的教学都不仅仅是为了获得学科的若干知识、技能和能力，而是要同时指向人的精神、思想情感、思维方式、生活方式和价值观的生成与提升。学科教学要有文化意义、思维意义、价值意义，即人的意义。

核心素养是生命个体在学习与生活的过程中不断培植起来的、能促进个体身心持续和谐发展的知、情、意、行等融会贯通而成的精神元素与成长基因。林崇德教授主编的《21世纪学生发展核心素养研究》一书，分析及总结了各理论的研究成果，对核心素养进行了如下界定：核心素养是学生在接受相应学段的教育过程中，逐步形成的、适应个人终身发展和社会发展需要的必备品格与关键能力。它是关于学生知识、技能、情感、态度、价值观等多方面要求的结合体。它指向过程，关注学生在培养过程中的体悟，而非结果导向。同时，核心素养兼具稳定性与开放性、发展性，是一个伴随终身、可持续发展、与时俱进的动态优化的过程，是个体能够适应未来社会、促进终身学习、实现全面发展的基本保障。教育、教学为什么要强调对核心素养的培养呢？正是因为核心素养的培植，其教育意义才深远而重大。

首先，核心素养是教育本质的回归。长久以来，无数人都在探索教育的本质是什么，教育应该给生命带来什么，教育应该给社会带来什么……由此，出现了无数的答案与实践。反思教育、教学的现状，教育变成机械的知识搬运，异化为以分数论成败的应试训练，沦陷为枯燥、乏味的死记硬背，沦落为分秒必争的重复劳作……教育若不躬身自省、若不迷途知返，那么将走向穷途末路。

从源头开始探究，教育即人、教育即生命。面对重重弊端，核心素养教育的提出是一种反拨与治疗，是一种正本清源。教育教学向培养人、培养人的核心素养回归，是教育及学校的“人间正道”。曾经有教师询问美国“国家年度教师”获得者雷夫：“你既教语文，又教历史，还教戏剧，你究竟教什么？”雷夫回答：“我不是教课的，我是教人的。”同样的，曾经有教师询问曾任北京市十一学校校长的李希贵：“你们学校教师是怎么教的？”李希贵毫不迟疑地回答：“我们学校教师不是教课的，我们是教人的。”教育向人的本质回归、向核心素养回归，是众多有识之士坚持质询教育本源的意义，是他们在探究教育实践中获得的共识。核心素养的教育是知识本位、应试本位旋涡中的“生命图标”，它旗帜鲜明地将生命的感受、生命的幸福、生命的品质、生命的成长置于核心的位置，渴望成为教育、教学生活中新的“诺亚方舟”。

其次，核心素养是生命成长的奠基。中国人民大学黄克剑教授说了这么一段意味深长的话：知识若没有智慧烛照其中，即使再多，也只是外在的牵累；智慧若没有生命隐帅其间，那或可动人的智慧却也不过是飘忽不定的鬼火萤照。也就是说，学习与教育的目的在于点化与润泽生命，而生命的成长也是以心去涵育，契合对应着知识、智慧等要素。离开以生命的成长为主旨而进行的“教育”，是对生命的折损，是对心灵的毒害，是对精神的漠视。教育及学校当然要看质量、当然要看成绩与升学，但当下不少的教育和教学急功近利、目光短浅，唯分数是举、唯升学是争，学生的整个学习、生活只剩下做题与考试。课堂教学只是学生智力生活的一片花瓣，智力生活只是个体生命成长的一片花瓣，却有许多学校将智力生活当成生命成长的全部，把课堂教学当成智力生活的全部，甚至把做题与得分当成课堂教学的全部，即对学生生命的绽放不管不顾，使教育的意蕴不断地衰减、萎缩。

那么，在个体生命成长中哪些要素是重要的呢？哪些要素是生命的核心呢？这些要素之间怎样相互促成、相互推进？……核心素养教育为生命成长提供了心灵的地图与精神的密码。《中国学生发展核心素养》以培养“全面发展的人”为核心，从三个方面确立了六大核心素养。这些核心素养的提出就是对个体生命成长的解码，而核心素养的教育便是“直面生命、通过生命、促进生命、提升生命”的教育。

最后，核心素养是朝向未来的生长。教育是为未来的时代培养新人。美国教育家杜威先生说过："教育即生长。"这种不断生长就是向上、向善的力量。核心素养教育则是顺应并发扬了教育的"种子般的特性"，从根出发加以灌溉与培植，具有"不可遏制"的生长性，它朝着未来的方向不断生长。走向核心素养的教育是世界各国教育的大势所趋。联合国教科文组织、经济合作与发展组织、欧盟组织等以高瞻远瞩的视野来眺望未来的时代与社会，在不断研究的过程中提出并倡导"核心素养的教育"。在飞速发展的信息化时代，教育教学如果只是亦步亦趋地执守原先提出的"知识、能力、态度"的教育，则是远远不够的。因为，现实的教育、教学生活往往会将知识、能力、态度等割裂开来，分而治之，造成一种分裂式的学习。如此一来，只能"生产"出肤浅的、缺乏趣味与创造力的人，而难以诞生立体、丰富、和谐自由发展的生命。核心素养一词则是将人的成长的必备品格与关键能力合二为一，涵盖了知识、能力、态度等要素。核心素养的教育以整体的理念与思想引导每一生命个体不断地学习、修炼并不断走向完整、完美、完满的自我。

富有创造力、富有生命力的人才是适应未来发展的人、与时俱进的人，而这样的人必须以"核心素养"来培育。

第二章

2

高中英语教学与核心素养的融合

第一节 高中英语能力分类研究

英语是一门综合性强的语言学科，它的新异性、记忆性、语言性和文化性这四种特性对学生学习提出了较高的要求，需要学生具备综合性的能力。而学生步入高中阶段，普遍反映英语学科的学习难度大大增加，无论是从记忆内容的多少还是题型的难度来说，高中英语都带给了学生更多的挑战。因此高中英语对学生能力的要求不仅仅局限于“听、说、读、写”四个方面，还需要更多的综合性能力。以下是高中英语学习的能力分析。

一、自学能力

自学能力是人发展中的必备能力之一，是人进步的阶梯。学校的教育只能陪伴每个人一段时间，而自学才是人类最常用的学习方式。各个学科都需要自学能力，尤其像英语这样新异且语言知识复杂的学科，更需要学生提高自学能力。

第一，学生不仅需要重视课前预习，还要养成课前预习的习惯，这也是自学能力的重要组成部分。针对高中英语逻辑性强、对思维能力要求高的特点，课前预习可以有效地帮助学生提前感知教材内容并进行自我梳理和掌握。另外，课前预习不仅可以让学生提前理解知识，还可以提高其对重点知识的关注，让学生带着目的听课。课前预习是高效听课的重要基础。

第二，学生要具备检索工具书的能力。英语海量的词汇和丰富多样的词性用法、固定搭配在课堂上永远也讲授不尽。因此学生在自学时，工具书就成了他们的重要的伙伴，学生要学会查阅工具书的方法，这也是自学英语的基础和前提。

第三，词汇是英语学习的重要内容，高中阶段许多学生英语成绩迟迟得不到提高、英语的理解能力低下等问题，很重要的一部分原因就是词汇量的匮乏。因此，高中生要学会找到单词的记忆工具来辅助记忆单词，这个工具不一定是物质性的，也可以是有效的方法。许多学生会通过卡片、习题或者在纸上写写画画来记忆单词，这些卡片、习题和纸笔就是我们可以明显看到的有效的工具。而有些学生找到了适合自己的特殊背单词的方法，比如，根据英文单词的音标来记忆单词的拼写和读音，这种抽象的方法也可以成为我们记忆单词的工具。工具多种多样，最重要的是学生能够找到适合自己记忆的方法。

第四，学生应该具备自主找出课本重点语法的能力，这也是自主分析能力的体现，是自学的初步环节。学生在自学课本时需要自己去感知课本的内容，能够通过生词发现新的知识，通过一些没接触过的固定搭配和词语用法来找到教材的重点内容，这是高中生在有过几年英语学习经验之后应该具备的能力。找到重点语法才能够找到自学方向、明确课堂学习目标。

第五，学生在自学时还要记下不懂的地方，这是自学中基础性的能力，同时也是对自学过程的总结。

二、听的能力

听力是英语教学和考试的重点内容，中国的学生在英语学习中，普遍的薄弱环节就是听力，而听力是在英语学习的“听、说、读、写”四大基本能力中排序第一位的能力，在考试时普遍占有较大的比重。因此，听的能力也应成为高中英语教学重点培养的能力。

第一，在课堂上听教师朗读，要注意语气的变化、语调的升降。这些是许多学生注意不到的问题，课堂上容易出现学生机械跟读单词或课文的情况，这就需要教师向学生强调正确的跟读态度和方法。

第二，学生要养成把听不懂的地方记下来的习惯。在课堂上学生要时刻保证手边有纸和笔，能够及时地记录重要的知识点和不懂的内容，然后课后请教老师或者同学，确保不留知识的漏洞。

第三，要培养学生抓住关键点和主要问题的能力。学习要抓住重点，听力也要学会“听重点”。一方面，要学会听教师的提问，提问是贯穿课堂的线索，教师设置提问的目的应该明确。在授课的过程中，提问不仅起到与学生有效互动的作用，还是授课中承上启下的过渡工具，因此学生不仅要听清楚教师的提问，还要听出提问的重点，以此来明确教师每次提问的目的。另一方面，还要听教师关于新知识的重点讲解。比如，语法是英语中最抽象的内容之一，同时也是英语教学的精华内容。学生在听教师讲授语法时要集中注意力，认真听取其中的语法规律、语法习惯和词性分析等内容。抓住关键点和主要问题是提高听课效率的有效保障。

第四，在培养学生听的能力时，教师还需要灌输自我控制能力的重要性，鼓励学生自我约束，努力保证在听的时候集中注意力，做到不开小差、不走神。对于许多重点知识，教师可能在课堂上讲过后马上就进入了下一个内容，而学生很可能一不留神就错过了一个重要的知识点，所以学生还需要具备自我约束的能力，以此来确保“听”的效果。

三、表达能力

英语的表达能力，其实就是我们常说的“听、说、读、写”四大基本能力中“说”的能力。现阶段的英语教学普遍存在着一个问题：教师更关注学生对英语的识记、书写运用，而不够注重让学生张开嘴巴说英语。这就导致许多学生学到的是“哑巴英语”，进而导致许多学生由于缺乏口语的训练，造成英语的口语能力欠佳。作为英语学习的关键，表达能力应成为英语教学重点培养的能力。

第一，学生要有与同龄人交际表达的口语能力，这是其口语能力的最基本要求。同龄人之间经历相似、兴趣相投，所以共同话题也很多，况且同龄人之间的词汇量、知识水平相近，用英语交谈起来会简单很多，因此能跟同龄人交际表达是对高中生口语能力的最低要求。

第二，学生应具备模拟场景的能力。对于某种场景，学生要明确场景的特定用语。比如，初次见面的问候语与和认识的人见面的问候语是不同的。另外，学生要以相应的语气和说话方式来营造场景的气氛，力求准确、生动地模拟场景。

第三，学生的书面表达能力也是一项重要的能力，这在英语考试的作文题目中就有所体现。书面表达能力是英语表达能力中对学生挑战性更强的一种能力。许多学生“说”英语说得不错，但是一写出来就会出现各种问题。能写明自己需要表达的意思，让人读得懂的英文也是高中生应该进行自我锻炼的一种能力。

第四，学生还需要培养自己营造英语交流环境的能力。比如，能够以问路、自我介绍等内容搭讪外国朋友或者用英语来展示自我。学生应该具备这方面的主动性，这是提升英语水平的有效方法，同时也是英语的重要的应用形式。另外，学生要善于营造类似的英语交流环境，这对自身的表达能力也提出了较高要求。

四、阅读能力

阅读能力是英语学习四项基本能力之一。高中阶段的英语教学，阅读是重中之重，这一点学生也都深有体会。纵观高中英语的教材课本、试题内容，大家会发现阅读占据了大部分的篇幅，教材中的“Reading”部分是授课的重点，考试题中无论是完形填空、阅读理解还是改错题都蕴含着对学生阅读能力的考查。因此，阅读能力在英语能力中的地位显而易见。

第一，学生应具备速读的能力。速读是在教学和应试中都会用到的读英语的方法。在教学中，教师会让学生先进行速读，然后判断文章的大致内容，而在应试时，阅读理解的题型有时候也需要学生先进行速读的工作。

第二，学生应具备跳读的能力。有时候一篇文章中的重点并没有紧密地连在一起，而是常常间隔着或多或少的语句，这时候就需要学生以跳读的形式来找到文章的线索。跳读不仅可以助力学生抓住阅读的重点，还可以为学生节省阅读的时间，减少不必要的重复阅读。

第三，学生应具备快速查读、解决细节问题的能力。这一点想必学生在做阅读理解题的过程中深有体会。有些阅读的题目迷惑性很强，容易让学生产生犹豫、迟疑，让学生捉摸不定，需要学生反复推敲，而在此过程中会经常运用到快速查读的能力，这是促进学生抓住细节的重要能力。

第四，学生应增强根据上下文猜词的能力。许多阅读理解题中会出现让学生联系上下文猜测画线的词语或句子含义的题型，还会出现一些让学生根据细节判断时态的题型。因此学生在阅读中需要培养根据上下文猜词和时态判定的能力，这要求学生要深度挖掘文章的内容、分析文章的细节。

第五，学生应具备根据段落大意推断作者写作态度的能力。比如，一篇文章，作者的态度是积极乐观的还是悲观的，是支持的态度还是反对的态度，抑或是没有表明自己的态度，仅做了客观的描述，这些内容都是需要学生通过阅读进行判断的，同时也是阅读中常见的题型之一。

第六，学生还要具备根据段落大意选择合适的文章标题的能力。这种能力不仅涵盖了学生对文章中心主旨的概括能力，还需要学生具有分清主次的能力，同时对英、美国家的语言方式和习惯有着较强的语感等。由此可见，根据段落大意选择合适的文章标题的能力是一项综合性很强的能力，不仅有阅读能力方面的要求，还需要学生对英美文化有着适当的理解。

五、写作能力

写作能力是英语能力中的重要一项，在英语考试中对写作能力的考核占有一定的比重。写作能力不仅侧面反映了学生的词汇量的多少，还可以显示出学生的英语语法水平和语句的逻辑组织能力。写作能力也是一项综合的能力。

第一，学生能用简单的词汇清楚地表达自己的意思，这是对词汇量的要求，更是写作能力的基础。学生用简单词汇表达自己的意思是英文写作的基础能力。

第二，学生需要做到根据一段说明来编写故事，这不仅是学生的逻辑思维的训练内容，更是对其写作能力提出的挑战。根据说明编写故事是让学生试着组织语言，将语言以写作的形式呈现出来的有效方法。

第三，学生应具备根据图表视频进行再创作的能力。这种能力不仅可以帮助学生发散思维，激发他们的想象能力，还可以有效地拓展他们的英语写作能力，学生会在再创作的过程中学到更多的词汇，用到更多不熟悉的句式，这些都是对其英语能力的有效锻炼。

第四，学生需要具备对体裁、格式的把握能力。写作的体裁多种多样，例如书信、通知、公告等。写作能力需要正确的格式作为支撑。因此学生需要把握作文的体裁与格式。

第五，学生应具备用不同的句式和不同的词汇来进行多种表达的能力。高中生相比于初中生和小学生，其学习能力的进步和发展是有目共睹的，在写作的能力上也不例外。高中生必备的写作能力也较为高级，小学和初中阶段的学生写作时语句形式单一、词汇匮乏，而高中生则应掌握不同的句式和不同的词汇。

六、分析和思维能力

英语学科也好，其他学科也罢，分析和思维能力都是各学科学习应具备的精华能力。分析与思维能力让英语的学习“活”起来，让学生化“被动学习”为“主动学习”，让英语的学习更加高效、深入。

第一，学生要做到能确定句子的主语、谓语、宾语、表语等成分，这是学习语法的前提和基础，更是学生发挥分析和思维能力的奠基环节。确定句子的成分，可以促进学生进一步地深入分析和思考句子乃至整篇英语文章的含义。

第二，学生应具备能用简单的词汇解释常用词汇的能力。应用这种能力的同时也是一个思辨的过程，它不仅包含了学生对词汇的分析与整合的工作，还蕴含了对逻辑思维、组织协调能力的运用。

第三，学生还应具备将新学的词汇拆分成词根的能力。通过词根记忆单词是许多高中英语教师会在教学中提到或者讲授给学生的内容。无论是通过词根整合单词来进行分类记忆，还是将新学的词汇拆分成词根，都需要学生进行自主分析，需要学生将思维运转起来。

七、记忆能力

记忆能力是英语学习中最常见的一种能力。学生从开始接触英语到将英语熟练应用，记忆能力始终贯穿于整个过程中。作为一门语言学科，记忆是英语学习的基本能力。记忆能力不仅关系着学生对英语新知识的掌握程度，还关乎学生英语学习的水平。

第一，学生应能记住一节课中教师所讲的内容，尤其是记忆每一个知识点。这是学生在英语课堂上的主要任务，更是在英语学习中记忆能力的基本要求。

第二，学生要将应背的词汇和段落进行准确的记忆，避免错记、漏记，这种能力是记忆能力的重要组成部分。这就要求学生具备高效的记忆能力，学生在记忆时要有着明确的目的和科学的方法。

第三，学生还应掌握多种英语记忆的方法，比如，词根记忆法、联想法、句子法、发音法等，这些方法是学生熟知的并且经过验证效果非常显著的。在高中教学中，教师也会经常谈到或者重点介绍记忆方法，学生可以用这些优秀的方法来提高词汇记忆和段落记忆的效率。

第二节 高中英语与核心素养

将高中英语课程的教学与核心素养相结合，则需要以英语学科的特点、高中英语教材的特性和核心素养的基本理论为出发点，找到英语学科和核心素养的交叉融合点，总结成英语学科的核心素养。这个过程将核心素养具体贯穿到英语的教学中，让教师明确英语教学的目标，助力英语的教学建设。

第一，英语具有很强的记忆性，这是其作为一门语言学科最突出的特征之一。记忆性要求学生在学习英语时要先进行识记，而且是先识后记，掌握记忆的方法。在不断记忆的同时巩固之前记忆的内容，在应用的时候及时提取记忆的内容。高中英语在这些方面的特性彰显了文化基础方面的以文化知识为主的核心素养；掌握记忆方法要有大胆尝试、积极寻求解决问题方法的科学精神；英语的记忆环节对于核心素养最主要的体现是在自主发展中乐学、善学和勤于反思。

第二，英语的新异性是其显著特色。英语的学习体现了核心素养中文化基础方面对人文积淀的要求，英语的学习过程其实也是学生接受新知识、接受国外优秀文化成果的过程，是理解和掌握人文思想中所蕴含的认识方法和实践方法的过程。学生在接受英语的新异性的同时，还可以结合核心素养中社会参与内容的国际理解方面的理论。它倡导的是尊重世界多元文化的多样性和差异性，鼓励人们积极地参与到跨文化交流中。

第三，英语丰富的文化性也是众所周知的。英语是欧美国家文化的代表，反映了与我国不同的社会风貌、文化状态，这些都是文化性的有力体现。而在核心素养范畴中，人文底蕴是其在文化基础项目中一项充实而重要的内容。人文底蕴不仅对培养学生的人文情怀有着重要的要求，还关注学生审美情趣的发展。人文情怀倡导学生关切人的生存，尊重和维护人的尊严和价值，这是在学习英语这门跨文化学科时应具有的观念；审美情趣促进学生尊重和理解文化艺术的多样性，引导他们发现、感知、欣赏和评价文化之美，这也是学生对待英语这样的外来文化应具备的态度。

第四，英语的应用性是当今社会大部分人都可以感知到的。应用英语首先要理解它、掌握它，理解它和掌握它需要理性的思维、批判质疑的态度和手段，还需要有勇于探究的精神，需要学会对学习内容的渗透，这些是核心素养中科学精神内容和自主发展内容的反映。另外还要融入自主创新，这是核心素养中社会参与部分在实践创新方面的体现。

英语学科作为一门综合性的学科，它的许多方面都可以与核心素养有机结合。它的教与学两方面的内容都涉及核心素养的许多要求，因此，高中英语的教学应与核心素养有机融合。

第三节　英语学科核心素养总结

将英语学科的特点与核心素养的理论相融合，可以总结出英语学科的核心素养，既坚持贯彻核心素养的思想又可以全面贴合英语学科的特点、英语的教学情况。在英语教学中，教师应该认真总结并努力践行教育原则。英语学科核心素养主要可以总结为如下五项内容。

第一，道德情感，这不仅是英语学科的核心素养，更是各学科都应具备的核心素养。道德情感是学科学习研究的基础内容，任何没有道德或者缺乏情感的学习研究都是残缺的、难以被社会接受的。

在道德方面，教师可以从做人的品德、社会公德、家庭美德和职业道德几个重要的组成部分入手，将带有道德色彩的核心素养融入教学中。其一，在英语的教学中，教师要灌输做人的品德，这也是贯彻国家提出的“立德树人”思想的基本要求，同时也是“德育”原则的落实。在英语小短文中，在教学互动的情境问题中，在遇到做人品德方面问题的讨论时，教师应为学生指明正确的方向、灌输品德教育，这不仅是教学内容的要求，更是所有教师的本职责任。其二，社会公德也是应该在英语教学中重点体现的内容。许多国家的人口平均素质水平较高，他们的一些奇闻轶事中会涉及社会公德的内容，教师可以通过这些来陶冶学生的情操，开展关于社会公德的讨论。其三，家庭美德。英美等西方国家十分注重家庭成员间相互尊重和平等的关系，父母也热衷于培养孩子的自立品格。中国的家庭，更多的还是长辈说话更加有分量，许多家长总是想为孩子安排今后的人生道路而忽视培养孩子自立自强的品格，因此在家庭的美德方面，教师可以向学生介绍一些优秀的家庭美德案例，并引导学生对我国家庭美德树立正确的态度，弘扬传统的优秀美德。其四，在职业道德方面，虽然高中生还没有接触过职业方面的知识，但是职业道德内容也不容忽视，职业道德是学生们今后要发展的美好品德。在高中时期，学生可以对其进行初步的感知和理解，以此为今后的发展奠定良好的基础。

在情感方面，许多内容都可以作为教师的核心素养素材。比如民族精神，每个民族都有带有自己特色的民族精神。中华民族精神包括爱国主义、团结统一、和谐守礼、勤劳勇敢和自强不息等，而美国崇尚的则是英雄主义。因此在学习英语、感受英美国家民族精神的同时，教师要提醒学生不能忘记中华民族精神。再比如，兴趣和求知欲，这也是情感方面教师应该融入教学的核心素养。学生对英语学习的热情和兴趣是开展学科教学的基础，这也是多年来众多教师积极探索的内容。求知欲是高效开展教学的重要保障，教师可以创造条件让学生自主发现英语学科的魅力所在。基于英语学科语言的逻辑性强、记忆性要求高等特点，学生很容易在学习英语时产生懈怠情绪或者丧失兴趣，因此意志的锻炼、毅力的培养也应该是英语学科核心素养中情感内容的有机组成部分。另外，教师在教学中还可以融入识别真、善、美，辨别假、恶、丑方面的内容，这样既可以促进学生明辨是非，还可以充实情感的教学内容。

第二，文化素养，这部分内容是与核心素养的“文化基础”内涵紧密结合的体现。文化知识是各个学科的主要教学内容，也是学科核心素养的核心。课程是文化知识的载体，学好英语课的首要步骤就是贯彻文化知识的核心素养。另外，文化理解在英语学科的核心素养中占有重要的地位，因为英语本身就距离我们国家的文化较远，英语和我们的汉语有着很大的差异。在文化方面，我国和欧美国家也有着许多不同，因此培养学生的文化理解能力很重要，教师需要帮助学生树立正确的跨文化交际的态度和观念，打开他们的国际视野，使他们善于接受和理解不同的文化并吸收其精华。

第三，思维品质，这是学习的核心内容。学而不思则罔，思而不学则殆，千百年前，我们国家的教育学家就为我们阐述了学与思的辩证关系。思维品质不单单倡导学生要主动将思考融入学习中，它还要求学生具有观察、注意、分析、综合、概括、判断、推理、联想、解题、思辨、创新等众多能力。观察和注意是思维的基础步骤，只有认真观察和适当增强有意注意、无意注意才能促使思维活动更好地开展；分析与综合是高级的思维能力，这也是作为高中生应该努力锻炼的能力，其不仅能让学科知识形成知识体系，还可以有效提高学生的学习效率；概括、判断、推理和联想，是教学过程中、学生自主学习的过程中都离不开的思维方式，它们让学生将知识活学活用，促进思维发展更加完善；解题和思辨不仅是学生提高成绩的法宝，更是学生内化知识并且将知识学以致用的有效途径；创新是时代的主题，教师在教学中要注重增强学生的创新意识、培养学生的创新能力，这样不仅可以将学科教学建设得更加高效、丰富多彩，还有助于学生今后的人生发展。

第四，语言能力，这是英语学科核心素养的突出标志，凸显了英语的语言性特点。英语学科的主要知识是语音、词汇、语法、语篇、功能、话题这六项内容，而学习英语学科的必备技能是听、说、读、写、译这五种，英语的学习主要可以通过认知、资源、交际和探究几种策略，在汇总了英语语言能力方面的基本情况后，分析语言能力这一核心素养的培养则成了教师教学的重要任务。首先，教师要认识到强化学生语言能力的重要性。“英语是一种工具”，掌握工具的主要途径是练。因此，学习英语是一个练功夫的过程。英语语言知识和规则是必须学的，但是只有在足够的操练中，才能领会所学的知识和规则。其次，口头语言是有声的语言，书面语言是在口头语言的基础上发展起来的。听说是读写的基础。高中英语试题应重视听、说、读、写的综合训练。再次，教师要重视语音训练，把学好语音看作是学好英语的基础。语音训练不仅是入门阶段的重点，而且要求其始终贯穿于英语学习之中。为句型练习提供典型的句子结构，是进行基本语法教学的一种有效的方式。语法教学是以句法为主，或者说以基本的句型结构为主，词法结合句法学习。每节课的语法句型是核心，它能体现每节课的语法重点。最后，教师要主张精讲多练，反对注入式教学。语法题目采取句型练习和语法知识归纳相结合的方法。

第五，交际能力，这是带有英语学科特色的核心素养。从一开始接触英语，口语交际就伴随学生左右，这不仅是英语口语能力的要求，也是英语语言特点的要求。在交际能力的范畴中，还涵盖了许多生活中的基本能力。比如，交际的方式方法、态度习惯、成效等都可以体现出与人交往的能力和理解他人的能力；交际的过程是如何发生的、成效如何、是否达到最初的目的，这些也反映了人们做事的能力。交际的内容涉猎广泛，包括个人方面的生理和心理健康、自我概念，集体方面的自我管理与团队合作以及社会方面的社会责任等。在交际能力的培养中，教师还可以加入一些正能量的素材内容，比如自信、友善、积极、负责、包容等，这些素材应用于交际能力的培养中，可以在无形中让学生形成正确的交际态度，养成良好的交际习惯，促使学生更加有效地提升交际能力。

第三章

3

课程建设与核心素养

第一节　从课程理念设置话核心素养

根据《基础教育课程改革纲要（试行）》的精神，结合英语学科自身的特点，教育部制定了新课程标准。新的课程标准体现的基本理念是：重视共同基础、构建发展平台；提供多种选择，适应个性需求；优化学习方式、提高自主学习能力；关注学生情感、提高人文素养；完善评价体系、促进学生不断发展。现将普通高中英语的新课程的基本理念进行细化分析，具体可以参考如下五个方面的内容。

第一，重视共同基础、构建发展平台。普通高中英语课程是义务教育阶段的自然延伸，是基础教育阶段课程的重要组成部分。因此，普通高中英语课程要在义务教育英语课程的基础上，帮助学生打好语言基础，为他们今后的升学、就业和终身学习创造条件，并使他们具备作为21世纪公民所应有的基本的英语素养。高中英语课程应根据高中生认识的特点和学习发展需要，在进一步发展学生基本语言运用能力的同时，着重提高学生用英语获取信息、处理信息、分析和解决问题的能力，逐步培养学生用英语进行思维和表达的能力，为学生进一步学习和发展创造必要的条件。

第二，提供多种选择，适应个性需求。高中阶段的英语课程要有利于个性和潜能的发展。因此，高中英语课程必须具有可选择性。而课程多样化是实现课程可选择性的基础。高中英语课程既应关注社会的需求，也应满足不同学生的发展需求。在完成共同基础的前提下，高中英语课程力求多样化，为每个学生提供自主选择和自我发展的机会，使学生在选择中提高规划人生和自主发展的能力，确立自己未来的发展方向。

第三，优化学习方式、提高自主学习能力。高中英语课程的设计与实施应有利于学生优化英语学习的方式，使他们通过观察、探究等积极主动的学习方式，充分发挥自己的学习潜能，形成有效的学习策略。提高自主学习的能力，有利于学生学会运用多种媒体和信息资源，拓宽学习的渠道，形成具有个性的学习方法和风格。

第四，关注学生情感、提高人文素养。高中英语课程要关注学生的情感，使学生在英语学习的过程中，提高独立思考和判断的能力，发展与人沟通和合作的能力，增进跨文化理解和跨文化交际的能力，树立正确的人生观、世界观和价值观，增强社会责任感，全面提高人文素养。

第五，完善评价体系、促进学生不断发展。高中英语课程要建立促进学生全面发展的多元化评价体系。评价要有利于学生的发展，对学生的学习起到促进作用。要采用形成性评价和终结性评价相结合的方式，着重评价学生的综合语言运用能力以及在学习过程中表现出的情感、态度和价值观。评价体系要有利于学生监控、调整自己的学习目标和学习策略，要有利于学生增强英语学习的信心。

在新一轮的课程改革中，学科的核心素养越来越多地受到业界和学界的关注，有别于传统的英语教学，“核心素养”不仅强调培养学生的语言知识和语言能力，还要求关注学生在英语学习过程中的情感、态度和价值观。基于核心素养的英语教育应以促进人的全面发展和适应社会需求为目标，使得英语学习真正地服务于个体的终身学习和发展。

英语核心素养主要是指学生通过英语课的教育以及自身的实践和认识活动，获得的相关英语学科的基础知识、技能、情感、观念和品质等。其主要包括四个方面的能力培养：语言能力、文化品格、思维品质和学习能力。而高中英语课程的理念就是依据这四个方面进行设置的，期望在分析核心素养的重点培养能力的基础上，使课程设置得更加有效。

首先，在语言能力方面，学生能通过本课程的学习，进一步发展语言意识和英语语感；掌握英语语言知识并在语境中整合性地运用所学知识；理解口语、文字语篇所传递的意义，识别并赏析其恰当表达意义的手段；有效使用口语、书面语传递意义和进行人际交流。

其次，在文化品格方面，学生能通过本课程的学习，获得文化知识、理解文化内涵、比较文化异同、吸收文化精华，形成正确的价值观念和道德情感；自信、自尊、自强；具备一定的跨文化沟通和传播中华优秀文化的能力。

再次，在思维品质方面，学生能通过本课程的学习，学会辨析语言和文化中的各种现象；分类、概括信息，建构新概念；分析、推断信息的逻辑关系；正确评判各种思想观点，理性表达自己的观点，初步具备用英语进行多元思维的能力。

最后，在学习能力方面，学生能通过本课程的学习，保持对英语学习的兴趣，具有明确的目标意识；能够多渠道地获取学习资源，有效规划学习的时间和学习任务；选择恰当的策略与方法，监控、反思、调整和评价自己的学习。

“文化品格”作为英语学科的核心素养，重拾了英语教学的价值。教师不仅教授学生掌握一种语言交流的工具，更要帮助学生通过英语学习的过程，掌握及形成学习一门语言的方法，了解英语国家乃至世界文化，形成自己独立的人格及正确的价值观，增进国际理解，形成跨文化的意识和能力等文化品格。

然而长期以来，中学英语教育在实践中被异化为纯语言的工具取向，师生往往都聚焦语言知识结构，而英语课程丰富的文化意蕴被无形地遮蔽。尤其是近年来“分数热”愈演愈烈，瞄准中、高考成了中学英语教育的主要任务和目标。对于广大英语教师而言，最初的内心深处追寻教育本义的理想主义，被考试成绩这个残酷的现实所摧残，屈于考试的压力，英语课堂上很多时候都是以讲解语言知识结构为主。即使对文化有所涉及，也基本局限于文化知识和差异的介绍，而不重视对学生文化意识和能力的培养。这样的教学模式必然导致英语语言知识学习的枯燥乏味，而失去了英语语言文化的趣味性，语言文化成了学生英语学习中可有可无的附属物，在不少学生看来，学习英语除了应试别无他用。其结果是英语教师和学生都成了“累且不快乐”的人。

从英语教师的角度来讲，首先要转变观念，要知晓英语学科对学生整体人文素养的培养应有的作用，要知晓英语学科的核心素养与教学的关系，认识到英语学科的工具性和文化性同样重要，意识到自己在教学中的任务不仅仅是语言知识的传授，还有在英语教学中对学生文化品格的培养。

其次，教师还需要提升个人能力。作为核心素养的一部分，学生文化品格的发展是非常重要的，但学生文化品格的形成会受到教师的眼界、文化基础、思维能力以及对跨文化知识认识的广度和深度的影响。因此，教师也应不断地更新自己的知识体系，扩大自己的眼界，广泛接触不同的文化，不断发展自己的思维能力，拓展自己的知识范畴，加强对其他门类知识的吸收与借鉴。只有教师的文化品格和核心素养发展了，学生的文化品格及其他核心素养才有可能得到更好发展，核心素养的培养才能真正得以实现。具体到英语教学中，文化品格如何培养，教师可以尝试对现行的教材进行二次开发和整合，以激活、补充、整合英语教材中的文化内容；将具有代表性的文化内容直接融入教学中，通过对文化的层层展示，以及文化自身的内在逻辑的梳理，吸纳本土文化与异域优秀文化；以文化专题的形式或阅读材料的形式纳入教学的过程中，进行相对独立的文化体验与学习；在教学过程中，根据具体情境任务，自觉融入相关的文化元素，拓展或增加时效性、趣味性兼具的文化主题。

最后，在英语教学中，教师应注意营造贴切的文化情境，这是培养学生跨文化交际意识和能力的有效途径。比如，教师可以通过节日话题，让学生感知、体验英语国家的节日文化。节日是学生感兴趣的话题之一，教师应该借这个话题，呈现蕴含在节日里相关的文化背景知识，帮助学生了解、熟悉和体验中西方国家重要的节日、节日来历、节日象征及人们的主要庆祝方式，让学生真实、直观地感受外国文化，这既提高了学生学习英语的兴趣，又能让学生身临其境、学以致用。学生通过学习、对比、感受和体验英语国家的风土人情、人文地理、社会概况等，领悟中西文化的差异，提高自身的文化修养，提高对人类文明的认识和认同。

高考英语考纲、考试说明是高考英语命题的依据，高考英语命题又是英语教师教学的风向标。英语的核心素养，还应在考纲中体现，在命题中体现人文素养、品格个性等。英语命题同样要体现学生的学习能力、语言能力和思维品质，更应对成长期学生的价值观取向进行引导，让学生在英语学习中提升个体的素养，在考试中反映核心素养。

总之，对于高中英语课程设置的理念，在核心素养的思想下，教师首先要认真研读课程标准和最新的课程发展或改革意见，领会国家的教育方针和策略，注意寻找国家课程政策的出发点和落脚点，要让自身跟进国家的教育潮流。另外，教师可以对照课程理念来进行自我反思、改进和提高。新的课程理念不仅是对教育、教学的新挑战，更是对教师在教学中提出的新的、更高的要求，因此，对于课程理念的设置，教师第一步可以先自我反思。比如，对照课程标准的理念，反思自己之前的教学活动有哪些没有达到课程理念的要求，有哪些没有贯彻和落实甚至没有体现课程的理念。第二步，教师可以通过反思的结果来制订改进的计划。比如，将教学过程细化为一个一个的连续片段，将核心素养和课程理念注入每一个片段中（如从备课环节开始改进自己的教学策略，然后分析导入环节、授课过程、教学反馈等），力求在教学的每一个环节都能将课程理念落实到位，让核心素养渗透于教学的建设中。第三步，在反思和改进的基础上追求稳步提高的效果。教师在改进教学策略、一步步走进课程理念和核心素养的基础上，不断地总结和提高，这是突破自己、提升自己的有效方法。这不仅可以让课堂更加贴合课程理念，让核心素养的培养更加高效，还可以促使英语教学建设做到精益求精。

第二节　从课程目标制定谈核心素养

普通高中英语课程强调：在进一步发展学生综合语言运用能力的基础上，着重提高学生用英语获取信息、处理信息、分析问题和解决问题的能力，特别注重提高学生用英语进行思维和表达的能力；形成跨文化交际的意识和基本的跨文化交际能力；进一步拓宽国际视野，增强爱国主义精神和民族使命感，形成健全的情感、态度、价值观，为未来发展和终身学习奠定良好的基础。

基于核心素养的视角，普通高中英语新课程目标的制定产生了许多新的特点，具体有如下五个方面。

第一，以人为本的课程价值观，这也是课程目标与核心素养中自主发展的紧密结合。与以往的教学大纲相比，新的课程标准更强调英语教学的人文性，体现了以人为本的教育理念。以人为本是相对于以学科为本而言的。以学科为本强调了学科的科学性、系统性和完整性，忽视了学生的身心发展，把学生看成被动地、机械地接受知识的“容器”。而以人为本强调教学活动中人的因素，把人放在了首要的位置，以学生为主体，注重学生的创造性；开发学生的潜能和天赋，培养学生的综合素质，使人全面和谐发展。它要求英语教育应是多重目标的全面教育，即英语教育应该是对人的思维、语言能力、意志、情感文化、文化意识等全方位的教育；教学要面向全体学生、因材施教，注重开发学生的智力，培养学生的自学能力；要求学生学会学习、培养良好的学习习惯、形成正确的学习策略，培养学生的自我意识、竞争意识、创新意识和世界意识。

（1）课程目标应尊重学生的主体地位，适应个性的需求。以人为本的教育主要特征在于尊重学生的主体性、主动性和创造性。尊重学生的主体性意味着：学生在教师的教育启发下进行自主的认识活动和实践活动，一切教学活动都必须围绕学生而展开，以学生为中心。尊重学生的主动性意味着：教师应鼓励学生全面参与、积极思考、自主学习、亲身实践。尊重学生的创造性意味着：培养学生的自我意识、竞争意识和创造意识，发展学生的创造性思维。教师还应注重学生的情感因素和智力因素，为每个学生的发展提供机会，不歧视任何学生。

（2）课程目标要注重教育过程的持续性和教育内容的情感性。终身教育是现代教育的重要理念之一。人类已经进入了学习化社会，人们除了在校接受教育之外，整个社会都成为有目的、有计划、有组织的教育空间。学生应按照学习化社会的要求，不断发展用英语获取信息、处理信息的能力，以适应终身教育的发展趋势。人本主义学习观认为，学习应是一种自发的、有目的的、塑造自我的、愉快的学习过程。教师在教学过程中，要注重培养学生学习的兴趣，充分尊重学生的个性、人格和尊严；要研究学生的心理，尊重学生的情感，磨练学生的意志，陶冶学生的情操；要把培养学生的兴趣、态度和自信心放在英语教学的首要地位，促进学生的全面发展。

（3）课程目标的教学要求强调层次性。以人为本就应处理好学生的全面发展和个性的差异。英语教学必须面向全体学生，充分调动每个学生的积极性，努力创设良好的教学环境，使每个学生都有施展才华的机会。教师应尊重学生的个性差异，坚持因材施教。为了更好地实施素质教育，高中英语教材目标分为四个层次，并以学生的语言技能、语言知识、情感态度、学习策略和文化意识等综合行为表现为基础，体现教学要求的层次性。

（4）课程目标要求教师正确使用评价手段，这有助于全面、公正、客观地评价学生；有助于学生对自己的学习进行反思，发现自己的成功与不足之处，并及时调整自己的学习策略；也有助于学生在学习的过程中得到激励，产生自信心和成就感，形成强大的学习动力。英语课程评价根据课程标准的目标和要求，实施对教学的全过程和结果的有效监控，使学生在英语学习的过程中不断地体验进步和成功，认识自我、建立自信，调整学习策略，促进学生综合语言运用能力的全面发展。英语课程评价采用形成性评价和终结性评价相结合的方式，着重评价学生的综合语言运用能力以及学生在英语学习过程中表现出的情感、态度和价值观。

第二，建立目标体系，体现课程的基础性、灵活性和开放性。我国地域辽阔、民族众多，各地经济和教育的发展存在着很大的不平衡。英语课程的开设情况、师资条件、教学条件、英语教学实际状况也存在着很大的差异。而旧的教学大纲对全国各地同一个学段的英语教学目的的要求相同，以统一的教学目标、教材、教学评价来对教学进行宏观调控，从而造成了我国英语教育资源的极大浪费。同时，过去的教学大纲只将目标分为听、说、读、写、语音、词汇、语法七个方面。而新课程标准将目标分为四个层次，内容包括语言技能、语言知识、情感态度、学习策略和文化意识等，从而形成了一个完整的知识体系。这符合我国的国情，有利于学生个性化的发展。高中英语分级目标是根据我国英语教育的现状和未来的发展而制定的，体现了英语的能力发展是一个循序渐进的过程，确保了国家英语课程标准的基础性、灵活性和开放性。这有利于解决以往学段之间缺乏衔接、教学内容和教学要求重复及“一刀切”的现象，保证了英语教学的连续性；有利于解决各地英语教育发展不平衡的矛盾，使不同地区、不同学校根据实际情况确定自己的目标；有利于不同学校选择适合自己学生特点的教材，便于教师因材施教、分层教学，进而探索出个性化、多元化的教学模式。总的来说，目标体系的基础性、灵活性和开放性，在科学精神、学会学习和实践创新方面都很好地贯彻了核心素养的思想。

第三，在抓好语言基础知识的前提下，课程目标着力培养学生综合运用英语的能力，实现课程功能的转变，这也是对核心素养中文化基础部分的再落实和再创新。新课程标准面向全体学生，不过分追求课程体系的严密性、完整性和逻辑性，改变以往课程内容繁、难、偏、旧和过于注重书本知识的状况；加强课程内容与学生的生活以及现代社会和科技发展相关的教学内容，关注学生的学习方式和情感体验；注重与学生的生活体验相结合，激发学生学习的兴趣，让学生在现实生活中，获得必要的语言知识和语言技能；注重培养学生的学习能力、动手能力和创新精神。过去的教学大纲仅局限于听、说、读、写、语音、词汇、语法，而新课程标准将语言技能、语言知识、情感态度、学习策略和文化意识等融为一体，构建了全新的英语能力观，使得英语教育的目标由单纯的英语技能培养上升为英语素质的提高，为学生的未来发展和终身教育奠定了良好的基础。

情感态度、学习策略、文化意识这些课程目标是此次英语课程改革的重要部分。这拓宽了英语课程的内涵，体现了课程适应人的全面、整体发展的指导思想，展现了课程目标的完整性。这样有利于培养学生的综合素质、自学能力，也有利于形成跨文化交际的意识和跨文化交际的能力，同时这也是核心素养中，自主发展和国际理解方面内容的体现。

第四，课程目标的制定坚持以“主题为线、语法其中”的方式形成教材的编排体系。以往的教学和教材编写以语法知识为线索，在教学中突出语法知识的讲授。教材中的对话、课文、练习题也围绕语法项目的先后顺序编排。语法知识过于集中、远离生活。学生虽然掌握了系统的语法知识体系，但学生的语言技能却没有得到显著提高，从而影响了学生语言技能的形成和学习兴趣的提高。

而新的课程目标提出以主题为线的设计理念，即教材以主题为线，每个单元为一个主题，语法知识隐于话题之中，把学生所熟悉、感兴趣的话题作为教学的内容，紧紧围绕学生的生活实际，努力创设真实的活动场景。语法内容的安排和教师对语法的讲解是有意识的、有计划的，而学生学习、接受、掌握语法的规则是在无意识的状态中进行的。这样可以减少学生学习英语的焦虑感，避免产生畏难情绪和惧怕的心理。以主题为线的原则可让语法为主题服务，让学生在大量的交际活动中反复操练、运用和感受语法，然后由教师进行归纳、总结。这是一个从个别到一般、从部分到整体、从具体到抽象的方法，比较符合学生的心理和认知的规律。这样的编排体系十分符合核心素养所倡导的科学性和以人为本的教育理念。

第五，课程目标的制定彰显了全新的课程教学观和学生学习观。新的课程目标提倡任务型教学方式。传统的英语教学是以语音、词汇、语法为主线，以教师讲解、学生被动的听讲为主要形式的教学方式。这种教学方式一方面没有充分体现语言的实践性的特征，另一方面只侧重学生的认知活动，重知识的积累和技能的掌握，轻情感的发展和人格的完善，忽视对人的心灵的净化和情感的关怀。这易使得学生变得内向、被动、恭顺、缺乏自信，从而破坏了人的创造性。而新的英语教学方式倡导为学生营造宽松、活泼的学习环境。教师通过围绕话题等形式，开展多种教学活动，鼓励学生在完成一定任务的活动中多用英语，敢于动口、不怕出错；帮助学生在学习的过程中掌握有效的学习策略，在观察、注意、模仿、体验、探究中培养创新精神和语言实践能力。另外，课程目标提倡灵活多样的学习方式。在传统的英语学习中，学生在完成学习任务时，倾向于采用被动的、接受的和封闭性的学习方式。课堂教学模式是一种灌输接受的学习方式，即听、讲、背诵课文和做语法练习。教师只注重把结论性的知识准确地传递给学生，学生只管认真地听、做好笔记。而新的英语教学方式倡导以学习者为中心，培养学生独立思考、自主学习的能力。通过教与学，师生共同形成平等、民主、教学相长的关系，教与学的重点不再局限于知识的获取，而是转移到学会学习、掌握学习方法上来。新课程标准提倡自主学习、自主探究和合作学习的学习方式。这三种学习方式都紧密地联系了核心素养中自我发展、自主学习和自我管理的内容。

自主学习关注学习者的主体性和能动性。变“要我学”为“我要学”。学生对“为什么学习”“学习什么”“如何学习”有了自觉的意识和反应之后，才能够在学习之前进行自我计划、自我调整、自我指导；才能够在学习的过程中，对学习的方式和行为进行自我检查、自我审视、自我调节；才能在学习之后，对学习的结果进行自我检测、自我总结、自我评价和自我补救，养成良好的学习习惯。自主学习的形式主要有自问自答式、讨论式和采访式。

自主探究重视学习的过程，学习过程除了接受知识之外，还是一个发现、探究的过程。新课程标准转变单一、被动地接受式学习的方式，倡导在学习的过程中发现问题、提出问题、分析问题、解决问题，倡导探究学习。探究学习的本质体现在问题性、过程性与开放性上。

合作学习是学生以小组为单位的学习方式。合作学习首先要制定小组的学习目标，然后围绕这个目标在自学的基础上进行小组学习、小组讲座，从而形成一致的结论。合作学习对于学生的学习和认知具有极其重要的作用。首先，合作学习能够激发学生的创造力，有助于培养学生合作的意识和合作的技能。其次，合作学习有利于学生之间的沟通和交流，培养解决问题的能力。最后，合作学习能够促使学生不断地自我提高，学生通过相互的交流和合作，必然促使内部自我意识的觉醒，能够让学生清楚地判断与选择正确的、有效的观点和做法。

总而言之，高中英语课程目标的制定指向了核心素养的思想内容，是对核心素养理念的再落实。

第三节　从课程资源开发议核心素养

多样化、特色化的发展是普通高中的使命和担当，推进办学体制多元化、办学形式多元化、人才培养模式多元化，包括课程、课堂教学、评价等方面。课程建设是普通高中多样化、特色化发展的核心，旨在满足每个学生的个性化需求。课程建设是一个不断满足学生需要的过程，它的最高境界是要适合每一个学生，不仅是在课程的内容上要适合每个学生，而且在学生的学习方式等一些特性上也要适合每一个学生。普通高中多样化、特色化的发展和核心素养的理念促进了高中阶段教学质量、立德树人质量的提高。

一、核心素养视角下英语校本课程资源的开发

学校要将核心素养转化为具体的课程目标。这是在核心素养的视角下，英语校本课程资源开发的前提和出发点。课程目标不只是针对学生而言，还包括教师的发展目标，力求促进师生都得到符合自身条件的进步，使二者共同发展。

第一，学生的发展目标：挖掘学生个性潜能的优势，促进学生全面、和谐发展。首先，教师应充分挖掘英语知识的社会功能，培养学生学习英语的兴趣，提升关注社会发展的责任感。其次，英语教师要充分

利用英语课程的教育功能，引导学生经历探讨研究的过程，进而形成尊重客观事实的唯物主义价值观以及批判质疑的精神。最后，高中英语课程可以以探究性的教学为切入点，开发新型的学习模式，培养学生观察与发现问题的能力以及解决实际问题的思维与创新能力。

第二，教师的发展目标：发展教师教研能力，提升教师专业素养。教师的发展重点在于促进教师在教学中思想观念和角色、教学方法的转变，由“重知识、重结果”的灌输式教学方法，转变为“重过程、重经历”的注重学生核心素养形成的教学方法。这样的目标要求教师要深入理解核心素养的思想，总结、反思自身的教学实践。把教师的发展目标作为一个大方向去努力践行，可以通过先建立每个层次的小目标来循序渐进地改善英语教学。

第三，学校可以建立多元化的课程实施方式落实核心素养。这需要学校从领导集体到英语教师都发挥主动性，自上而下地研究、创新教学方式，学校的领导集体可以广泛汇集教师们的意见和其他地区、学校的优秀经验，而基层的教师们要踊跃建言献策，以核心素养为出发点和落脚点，为学校建立多元化的课程献出自己的力量和智慧成果。一方面，学校可以积极组织讲座式教学。讲座式教学面向的群体大部分是学生，不仅可以让更多的学生受益，而且教学形式独特，更容易引起学生的注意和重视。对于知识拓展型课程，教师可采取讲座式教学，力求让学生明确英语知识的内涵与外延，能够运用英语思维去思考问题、解决问题。在讲座式教学中，教师应让学生掌握英语学习的核心方法，同时体验探索英语语言规律的曲折和喜悦。另一方面，学校可以转换固有的思路和模式，鼓励开展基于项目式的学习方式。比如，学校可以通过社会调研、学生问卷和教师交流的方式，先确定研究的课题，然后组织教师们做开题简介，每个课题项目由一组学生来承担。此类课程时间和形式都可以灵活掌握，这样可以使学生对英语的学习不再局限于课堂之内，而是延伸到课堂之外，实现随时随地自主学习。之后，教师要引导学生根据课题的内容确定阶段性目标与任务，并且坚持每周对学生的完成情况进行考核与反馈。项目式学习形式新颖、多样，容易有效地调动学生的学习热情和积极性，可以最大限度地激发学生进行自主研究与团队合作，调动学习的内驱力，促进学生在项目式学习方式中善学、乐学。

第四，学校要重视构建促进核心素养的课程评价机制。传统的教学往往采用总结性的评价方法，即在教学进行一段时间后通过考试成绩评定一个学生的学习能力。总结性评价侧重于教学最终产生的结果，要在教学过程和学习过程结束后才能够发现教师教学过程和学生学习过程中存在的问题。这样的评价方式不能及时地展现教学情况，且评价要素较为单一，不利于全面地反映教学情况和课程的开展情况。基于核心素养的英语校本课程的评价可以采用过程性评价，这是一种开放式的评价方式，注重教学的过程，其测验本身就是一项学习活动，能够在学习的过程中发现问题，评价过程贯穿于学习的始终。过程性评价的目标是使学生在学习的过程中充分认识自我、欣赏自我，以学习活动促使学生建立自信，帮助学生挖掘自身的潜能，促进学生全面发展，同时教师可以根据反馈的结果随时更新、安排课程内容，以实现对学生核心能力的培养和自身教研能力的提升。

二、核心素养视角下高中英语校外课程资源的开发

校外课程资源的开发在高中英语教学中十分常见。在信息时代的发展背景下，教师常常利用互联网、微课、智慧教学平台以及优秀的英语学习网站和软件等信息技术手段来获取一些校外课程资源。这些资源的开发为英语课堂注入了更多新的活力。但是在核心素养的视角下，开发

高中英语校外课程资源时，教师应注意发挥自身的把关和筛选职责，汇聚贴合核心素养的课程资源，使英语教学建设得更好。

教师要明确作为“把关人”的职责，因为校外课程资源的开发主体是每一位英语教师，因此对于开发具有什么内容和理念的课程资源，英语教师最有发言权。教师在开发校外课程资源时，要以核心素养为出发点，找到教材内容、核心素养与校外课程资源三者的交叉点，严格审查校外课程资源并细致地筛选优良的资源。比如，反映中国与欧美国家在价值观的共同点方面的内容，不仅是对不同文化的深入挖掘，更是对国际理解这一核心素养的贴合；对于不符合甚至违背核心素养的资源内容，要果断地丢弃，虽然有些问题根深蒂固，但是在接触英语和欧美文化时学生仅需要简单地了解，更多地还是要弘扬正能量；对于偏难的、脱离教材内容的课程资源，教师不应盲目地以“拓展延伸”为目的将这些课程资源大量引入，要懂得合理拓展教学内容，安排要适当，活动的组织要适度。总之，校外课程资源的开发是教师们已经熟悉的工作内容，重要的是发挥好把关和筛选的作用，使校外课程资源的开发更加有效。

第四节　从课程评价论核心素养

教育的真谛是使每一个生命个体都能得到充分的发展，使每一个人的潜能都得到充分发挥，使每一个学生都能拥有一片希望的蓝天。曾任教育部基础教育二司司长的郑富芝说：“教育部将根据学生的成长规律和社会对人才的需求，把对学生德智体美全面发展总体要求和社会主义核心价值观的有关内容细化，从而研究制定出各学段学生发展核心素养体系。”这让我们感受到，新时期的高中英语课程要求的变化是大家有目共睹的，现阶段教育的主题——核心素养也是我们都可以感受到的。

20世纪90年代，我国高中英语教学大纲对于教学目的是这样叙述的：在义务教育教学的基础上，巩固、扩大学生的基础知识，发展听、说、读、写的基本技能，培养在口头上和书面上初步运用英语进行交际的能力，侧重培养阅读能力，并使学生获得一定的自学能力，为继续学习和运用英语切实打好基础，使学生受到思想品德、爱国主义和社会主义等方面的教育，增进对所学语言国家的了解，发展智力，提高思维、观察、注意、记忆、想象、联想等能力。不难看出，旧的高中英语教学大纲，偏重的是培养学生的交际能力和自学能力这两种能力，以及思想品德、国际理解和智力三方面素养，这些目标都是与核心素养要求一致的，只是相比于今天的教学目的略显薄弱。

21世纪初的高中英语教学目的是辐射状的，由情感态度、文化意识、学习策略、语言知识和语言技能五大块向内辐射，指向高中英语的核心能力——语言综合运用能力。新的课程目标在核心素养的引领下，将之前的教学目的进行了调整、充实和细化，力求向核心素养逐渐靠拢，最终与其完美融合。而培养学生的核心素养和能力的思想和行动，仅仅体现在课程的理念、课程的目标和课程的资源开发方面是远远不够的，还需要落实到课程评价的环节中。

课程评价是指检查课程的目标、编订和实施是否实现了教育目的，实现的程度如何，用以判定课程设计的效果，并据此做出改进课程的决策。首先，课程评价是一个价值判断的过程。不同评价主体会因为自身的需要和观念的不同对同一事物或活动产生不同的判断。比如，英语教学的主题是核心素养，那么在对英语课程进行评价时就会围绕核心素养的需求和理念来判断课程的发展。其次，课程评价的方式多种多样，既可以采用定量的方法，也可以采取定性的方法。常见的评价方式可以根据不同的主题分为多种类型。比如，按照评价对象的不同可以将课程评价分为学生评价、教师评价、学校评价；按照评价主体的不同可以分为自我评价和外来评价；按照评价目的的不同可以把课程评价分为诊断性评价、形成性评价和总结性评价等。这些都是常见、常用的课程评价方式。无论课程评价方式的数量有多少、形式有多新颖，我们要明白的一个重点是：教育测试或测量只是众多课程评价方式中的一种方法，并不代表课程评价的全部。最后，课程评价的对象涉及多种课程要素，包括课程计划、课程实施情况和课程结果等，因此，课程评价要注意全面综合各个要素，不要遗漏任何要素。另外，课程评价对象的范围是十分宽泛的，不仅包括课程计划本身，还包括参与课程实施的教师、学生、学校以及师生的发展，因此在进行课程评价时，还应注意明确课程评价的对象，以免发生“文不对题”或者偏颇的课程评价。

一、总结性评价向过程性评价和形成性评价过渡

我们在日常教学中最常见的评价方式是总结性评价，它以考试成绩来评定学生能力和教学质量，是在一个学习阶段末对学生学习结果的评价。这种评价是在一种正式的、封闭的和严肃的氛围中进行的，引发了“一考定终身”和“拿成绩说话”的不良效果，将其应用于课程评价中，容易使学生产生焦虑感和紧张感，还因为过于注重知识和技能的评价而显得片面化。

过程性评价是对事物的发展过程进行动态的评价，是一种流线型的评价，针对某个点做出评价，而所有点又可以汇聚成一条线进而构成整体的评价。因此，过程性评价的即时效果更强，应用于课程评价中追求的是对学生学习过程的评判而不是简单地追求学习的成果，因此更贴合核心素养的理念。

形成性评价是基于教学过程中的某项活动或过程以及生成的问题而进行的评价，旨在及时了解情况、发现问题，以便有针对性地设计教学并组织实施，进而进行调整、改进和完善。它更加客观、效用更强，是评价方式中较为优秀的评价方式。

基于三种评价方式的特点分析，不难看出，相比于总结性评价，过程性评价和形成性评价的优势更加明显，应用于课程评价会更加客观、公正，这二者才是适应核心素养的课程评价方式。因此，教师可以发挥主动性，努力消除总结性评价带来的问题，积极转变思路，更多地运用过程性评价和形成性评价。过程性评价和形成性评价可以助力课程评价更加精准，进而促使课程建设更加到位，从而促使教师将英语教学建设得更加完美。

二、改革考试招生制度，切实贯彻素质教育

核心素养下的高中英语课程评价应该考虑比较根本的问题，比如，改革考试招生制度，这是确立教学机制的重要的参考因素，上至教育主管部门，下至各个院校都应切实贯彻素质教育，从改革考试招生制度入手，让课程评价机制符合核心素养的理念。

高中英语标准化考试是应用时间较长且应用范围较广的模式，目前高中英语标准化考试的优势概括起来主要有五项。

第一，限定时间，不仅可以培养学生的时间意识，还可以提高其做题的速度和效率。

第二，全面检测，标准化考试在知识点的检测方面还是很有效用的，能够覆盖大面积的知识点，因此能够较为全面地检测学生的学习情况。

第三，评卷客观，高中阶段英语标准化考试的客观题占据了大部分，而主观题的比例很小，这样的安排可以使评卷结果更加客观，避免非理性因素对学生成绩的干扰。

第四，快速阅卷，基于客观题比例大的标准化试题安排，阅卷的大部分任务可以由计算机高效的完成，而教师只需要花费较少的精力来评阅主观题目。

第五，降低成本，标准化考试的成本只需要纸质试卷、机读卡和计算机，不需要大量精力和时间的耗费，对人力、物力和财力的要求较低。

标准化考试的弊端较为明显：大部分试题为四选一的选择题，即使是去猜答案也有25%的概率可以答对，这样的题型设置会在一定程度上对考试的准确检测率产生影响，长期单调乏味的考试让测验的美

感慢慢消退，学生因此产生了厌倦情绪。大量而枯燥的考试题无形中加重了学生的学业负担，形成了以考促教、以考促学的僵化、落后的模式。无论是教师还是学生，尤其是在高中阶段的师生都在围着考试转，这种标准化考试不仅让考试失去了原有的魅力，也让教学模式变得固化。

教育平等是我们应始终坚持的原则。应试教育让我们看到了急功近利的教学现状，许多学生深陷于题海，为的只是突出知识理论的学习，而忽视了能力的培养，最终导致学生丧失了学习兴趣，他们的创造性思维和创造力也受到了影响，这与培养学生核心素养的理念全然不符。应试教育的弊端是我们有目共睹的，因此我们应该深化素质教育的思想，要坚持以人为本的思想，以多样化、多功能的考试促进学生的全面发展，重视启发学生的心智，重视理论知识和运用能力的测验，力求学生在创新的评价机制中发挥自身的潜能、提高自身的素养。

三、普通高中英语水平考试的实施建议

学校需要认真研读教育部发布的《关于普通高中学业水平考试的实施意见》，完善水平考试的实施策略。对于高中英语学科乃至其他学科而言，水平考试的实施可以参考如下建议。

首先，水平考试要实现知识与能力的全覆盖，摒弃重知识、不重能力的落后模式，还要尽量规避“一考定终身”的高考局限性问题。比如，给考生两次选考的机会，成绩以等级来呈现，使统考变为选考。且这样的成绩要进入高考的评判内容，如此可以最大限度地保障学生发挥最真实的水平，减少非智力因素对考试的影响，使考试成绩更加全面、准确和客观。要确保文理兼修、文理兼选，这也是避免学生偏科或者带着文理科有色眼镜来看待英语学科的有效手段。

其次，针对英语学科来说，教育管理者应对科目的实验操作、外语听力和口语的考试提出要求，这些是对英语综合能力的全面考量，也是使英语水平考试更加客观的建设性意见。在命题方面，考试内容要紧密联系社会实际以及学生的生活经验，在全面考核学生基础知识和基本技能的基础上，注重加强对能力的考查。这是从实际出发、联系核心素养的有效考试策略，目的是将考试的重心从理论知识向能力方向进行适当的调整，是深入落实核心素养的要求。

最后，教育管理人员不得根据学业水平、考试成绩给学生排名，不得仅以考试成绩评价学校和教师。在我们周围，依然能看到一些班级按成绩给学生安排座位、分组甚至评阅试卷的现象，这样不仅对学生的心理造成严重的影响，还使教学陷入僵局，误导学生“拿成绩说话”；还有许多家长或其他的社会成员根据成绩来评价学校和教师，这样片面、主观的评价方式忽视了学校和教师的努力与付出，忽视了对实际情况的关注和分析，还会误导他人，产生恶劣的影响，是全体教育工作者和管理部门应该果断摒弃的。

四、加强和改进普通高中学生综合素质评价的建议

通过前文的论述，我们已经明白正确、客观的评价的重要性，同时也认识到评价需要综合多方面的内容，不能仅依靠理论知识、成绩，在此我们呼吁加强和改进普通高中学生的综合素质评价。

综合素质涵盖的范围很广，基于核心素养的视角，其包括的评价内容应为五个方面：思想品德、学业水平、身心健康、艺术素养和社会实践，这样才能涵盖学生应具备的综合素质，而评价的方式也应随之进行调整。评价方式可以按照写实记录、整理遴选、公示审核、形成档案以及材料使用这样的步骤来综合、全面地进行评价。综合素质的评价是课

程评价的代表性内容，因此其评价应得到广大教师的重视，需要密切关注如下七个问题。

（1）评价要进入档案才能够起到应有的作用，不再唯分数评价学生，这是核心素养的基本要求。

（2）要注重学生的行为表现，这不仅是思想品德方面的评价内容，还是核心素养重视的内容。评价材料必须公示，并且作为高招参考的依据，如此可促使评价的公开、透明，引起师生的重视。

（3）要努力使抽象的素质变得具体、可比较。可以细化抽象素质，建立科学的评价标准，通过写实记录保证评价的真实性，使综合素质的评价有据可查。

（4）要明确素质评价重在育人，而非“评价”。因此要避免为了“评价”而“评价”，而要力求使评价激励学生、教育学生。教师应积极引导学生发现自我、建立自信，提高自我意识，使他们对自己和自己的未来充满信心。还要帮助他们扬长避短，发扬其优点，鼓励他们克服不足，让每一个学生都能够得到适合自己的发展，这是核心素养的初心。

（5）各大高校还可以组织专业人员深入实地考察，对高中生进行分析和评价，并且以此作为学生录取的参考。这样的方式不仅可以监督高中学校的评价机制，督促其建立科学、透明的评价模式，还可以让学生选择学校和学校选择学生同时进行，促使高校找到欣赏的人才、学生找到心仪的院校。

（6）学校和教师本身要加强管理，保证评价的公正、公平。学校可以建立监督检查的机制，自觉完善评价的过程，在监督与自我监督下确保评价的顺利开展；教师要发挥以身作则的精神、严于律己，客观评价学生并监督学校的评价机制，为学生综合素质的评价建言献策。以这样的方式在校园中贯穿公正评价的思想和行动。

（7）无论是学校、教师还是社会的其他成员都应转变思维方式，要完成从只看“冷冰冰的分”到关注“活生生的人”的转变。这不仅是促进评价的科学化的有机调整，更是核心素养的具体贯彻策略。

第四章 4

教学环节与核心素养

第一节　预习过程融入核心素养

预习是包括英语课堂在内的所有课堂教学的前提和基础，有效地预习作业能激发学生的学习兴趣，提高听课的效果，使课堂教学顺利实施。而如果能够将核心素养融入预习的过程中，则不仅可以使预习的目的性更强、更加卓有成效，使学生的英语学习更加贴合课程目标，还可以使核心素养的理念深化于教学中。要将核心素养完美地融入预习的过程中，首先要考虑学生的预习现状，从现状下手寻找突破点。其次，要剖析英语学科的核心素养与预习的交叉点。有效地连接交叉点，使英语的预习在贯彻核心素养的同时增进预习效果，达到预习的目的，完成预习的内容。最后，教师还要发挥主观能动性，积极创新教学策略，辅助学生进行预习工作，将预习环节不断地创新，使学生乐于预习并养成预习的好习惯。

一、剖析高中生英语预习的现状

高中阶段是英语学习的重要发展阶段。而预习作为自学的一种形式，是培养学生自学能力重要的一环。尽管新课程标准早就提出“促使学生优化学习方式，形成良好的学习习惯和有效的学习策略”是英语课程的重要任务之一，并要求教师有意识地加强对学生学习策略的指导，让他们在学习和运用英语的过程中逐步学会如何学习，然而纵观高中的英语课堂，大家会发现在预习方面仍然存在许多问题。

（1）问题一：学生对预习的认识不够全面，对预习的态度不够积极。

以笔者所在的学校为例，笔者随机抽取了200名高一学生进行了以“英语预习”为主题的问卷调查。其中主要的问题是课前是否预习、预习的主要目的是什么、是否认为预习能够提高课堂的效率、是否认为预习很重要等。然而在汇总学生的问卷并进行分析、整合后发现，问卷反映出来的问题不容乐观。

表4–1　问卷调查分析（一）

你在英语课前会预习吗？				
总是	经常	偶尔	很少	从不
1%	5%	54%	31%	9%

如表4–1所示，随机抽取的高一年级200名学生中，绝大多数学生不会经常预习。这反映了学生们对预习的重视程度不够，对预习的态度不够积极，甚至持可有可无的态度。预习环节的缺失导致了英语课堂效率低下。因此增强学生的预习意识十分关键。

如表4–2所示，调查的学生中有42%的人能够正确认识预习的目的，他们认为，预习的主要目的是提高课堂效率；而有35%的学生完全是因为教师的要求才会进行课前预习，这是一种被动学习的体现。这部分学生没有认识到预习的重要性，从而导致其预习任务的完成较为敷衍。本次调查针对的是高一年级的学生，高一年级是高中阶段好习惯养成的主要时期，也是学生正确认识学习的黄金时段，而调查数据显示的学生对待预习的认识程度和态度令教师们颇为担忧。

表4-2 问卷调查分析（二）

你认为预习的主要目的是什么？			
提高课堂效率	教师的要求	培养自学能力	其他
42%	35%	14%	9%

（2）问题二：不用预习照样上课。

高中阶段的部分学生甚至教师自己，都对预习持有怀疑态度。他们认为学业繁忙，学习压力大，没有预习的时间，所以缺少预习的环节很正常。殊不知学生不知新课的内容，教师“生拉硬拽”着学生上完整堂新课，会导致师生都很累，从而使师生容易渐渐失去教与学的乐趣。

（3）问题三：预习“惰化”。

许多教师虽然会布置预习作业，但也只是简单地听录音跟读和熟悉生词的作业，而不做具体的指导和要求，课上也缺少反馈的环节。预习变成了一种空洞的形式。许多学生在高中之前就没有养成良好的预习习惯，更不知道究竟该怎么预习。有的学生即使认真地预习了，也得不到教师的认可，渐渐就集体“惰化”，预习变得可有可无。

（4）问题四：预习理念错误，学生认为译成中文就算预习。

对于课前预习，许多高中生依然没有找到好的方法甚至还存有错误的观念：要么只看看生词，要么仅把课文进行初步的翻译。这样的做法根本没有达到预习的真正目的，不仅不能改进学生的英语学习方法，反而会阻碍学生英语综合能力的提高。

以上种种现象都说明了现阶段高中生英语预习的现状令人担忧。如果高中生在英语预习方面没有得到正确的引领和指导，那么新课程标准提出的“促使学生优化学习方式，形成良好的学习习惯和有效的学习策略”只能成为空谈，而核心素养的贯彻落实也会遇到障碍。因此我们要对教学中的种种现状进行深层次的反思，并寻求解决问题的对策。

二、找寻学科的核心素养与预习的交叉点

核心素养不仅是教育、教学的旗帜性理念，更是教学各环节的指引牌。因此，从核心素养入手来完善英语预习环节的教学策略，可以先从找到英语学科的核心素养与英语预习的交叉点开始。

根据前文的分析不难发现，英语学科的核心素养主要包括两个方面：英语学科的关键能力和学习英语的必备品格。而细分下来，英语学科的关键能力主要包括语言能力和学习能力；学习英语的必备品格主要包括思维品质和文化品格。如此，英语教师可以把这四个方面作为预习的目的，布置预习任务时可以围绕这四个方面来进行规划。比如，针对英语的语言能力，教师可以要求学生在预习的过程中多练习英语的听、说、读、写，通过大量自主的综合训练来提高语言能力；对于学习能力，教师可以让学生在预习时通过自主分析找出教学的重点和难点（如找出新的语法知识并进行自学，归纳特殊的句式和词性、用法等），并自行整合教材内容来提高学习能力；对于思维品质的培养，教师可以鼓励学生在预习时自已发现问题并独立地解决（如列出“问题解决详单”等），还可以通过发散性思维的训练来发展学生的思维品质；对于文化品格的培养，教师可以丰富预习的内容，布置与教材内容相关的影视作品观赏作为预习作业，让学生发现并了解不同的文化，形成对不同文化的正确观点，引导学生树立崇高的文化品格。

三、核心素养视角下的预习策略

（一）增强意识，明确要求

在核心素养下，创新预习的策略。第一，教师要从思想意识抓起。前文我们看到了学生和教师对待英语预习的认识不够、态度敷衍等问

题，因此要完善预习策略，应该从纠正对待预习的认识开始。教师是教学工作的主导部分，他们应该将预习环节提到教学的重点地位上来。教师应坚持每堂新课前都要布置预习任务，如此高频率的预习作业布置会在无形中让学生感到预习的重要性；教师还可以在教学中经常强调预习的重要性，使学生能够引起对预习的重视。比如，强调每一课学习的第一步是预习而不是上课、听讲等。第二，教师还应指明预习的目标和预习的方式。教师不能简单地以“预习”两个字概括这个重要的教学环节，要明确预习任务。预习任务可以包括：预习单词和词组，做到发音的准确；找出文中的难点，初步了解文中的内容；搜索相关背景资料，增强跨国文化意识。比如，在学“Travel journal”这一课时，笔者就给学生布置了这样的预习任务：首先，独立完成“Warming Up”部分的内容，结合“Pre-reading”部分的问题，通读课文，给课文划分段落和层次并捕捉大意；其次，查找关于湄公河的一些信息，翻阅杂志和报纸、上网查资料均可；最后，在不认识的单词和词组下面画线，把不理解的句子标注清楚，查到的信息要在下一课堂上展示。有了具体的预习建议和操作的步骤，学生预习的积极性就会显著提高，且效果不错，能够基本达到预习目标。

（二）注意预习原则，创新预习方式

预习不是盲目地预先学习，而是有目的、有计划地事先学习，要有步骤、有策略地展开。在此过程中，教师和学生不仅要坚持科学的预习原则，还要结合核心素养的思想创新预习方式。

1. 完善预习的原则

其一，教师在布置预习任务时要注意面向全体，使各个层面的学生都能够根据自己的能力而有所作为。同时，教师要考虑到预习任务的难易程度，要照顾到各个层次学生的能力水平。比如，许多单词的名词、

动词的词性和用法是大部分学生都可以通过查阅资料而掌握的，但是对于一些短语的固定搭配及其用法难度较大、抽象性较强，还需要教师在授课时重点讲解，因此，对于固定搭配的短语及用法在预习任务中的要求可以简化一些，避免预习任务过于复杂而减弱学生对预习的积极性。

其二，预习作业要有趣味性。兴趣可以激发学生的求知欲，推动他们去探究和学习。比如，笔者经常鼓励学生以教师的视角来预习，即假定自己是英语教师，要为学生开展一堂新课，思考自己应怎样备课、怎样展开教学；还可以制作导学案、微课视频等，以新颖的方式增添预习的趣味性。

其三，预习任务要有可操作性。教师要紧密地结合教材内容和学生的实际，“以学生为中心、以活动为中心”。而学生的个体差异是很大的，所以教师在布置预习任务时，就要考虑到个体的共性和差别，要充分考虑到每个学生的需求，他们“知道什么”“不知道什么”“想知道什么”，这些都不可能整齐划一。同时教师要避免“有的学生吃不了，有的学生吃不饱”的现象。只有这样做，才能真正满足每个学生的需要，让他们形成浓厚的学习兴趣，主动地参与到学习中来。

2. 创新预习的方式

在创新预习的策略方面，教师需要发挥自身的主观能动性，依据本班的实际情况，如学生英语学习的成绩、积极性、课余时间的长短等，制定合理的预习策略。另外，教师要本着核心素养的理念来设置预习任务。比如，以小组为单位，教师要求让学生进行说英语和读英语的训练，并根据教材中的问题进行讨论、合作分角色背诵课文、排练与教材内容相关的英语话剧等，以趣味性的小组活动来发展学生的语言能力这一核心素养。教师还可以在每节课前选取三到五名学生来准备“我当英语教师”的任务，即每个单元的“Reading”部分可以留出10分钟的时间让学生走上讲台来给大家讲课，每名学生可以讲一两段文章的内容。这样的方法可以促进学生在预习的过程中，认真研读教材内容，自主查阅与背景相关的材料、补充知识、互相讨论、研究课文的重点语法知识等，能够确保学生在课下积极认真地完成预习内容。教师还可以在预习环节多渗透些文化，比如，在“Music”这一单元中，笔者布置的预习任务中，有让学生了解各种类型的音乐，要求学生课下通过信息技术找到钢琴套曲《四季》、爵士乐《蓝色迷情》等听一听，并与我国的民谣比较。文化的渗透不仅是发展学生文化品格的有效手段，还可以让预习更加新颖、生动。总之，预习的创新方法多种多样，不仅可以将形式创新，还可以依靠信息技术等手段进行辅助，关键还是需要教师提升创新预习的意识，帮助学生使用不同的方法进行预习并探索适合高中生预习的手段，将预习的环节变得更加高效。

（三）检查预习的效果

检查不仅是工作的保障性环节，还可以肯定学生的进步，增添其学习的动力。很多学生因为课业负担重，他们认为课前预习只是走走形式，所以往往潦潦草草、应付了事。这样的预习不能取得应有的效果，甚至适得其反，易使学生产生厌烦的心理。教师既然布置了预习任务，就必须加强检查、监督。一是可以让小组长进行检查，发挥学习小组的作用。在高中阶段设置学习小组是许多学校普遍采用的促学措施，以小组为单位的预习可以使监督的效力更强，使班级的学习风气更好。二是学生之间的互查，比如，同桌之间、前后桌之间互相检查预习的题目完成的情况等，这样可以形成良好的学习氛围，使学生之间相互激励。三是教师检查，教师可以检查学生的预习作业，看是否在书上画出了重点的单词、词组、句型，还可以在课堂上根据学生的参与程度来检测预习的效果，如通过提问考查生词的拼写和用法等。对于会自己安排预习的学生，教师要给予表扬；对于不会自己安排预习的学生，教师要进行耐心的引导。另外，教师要让学生对检查的结果进行自评、互评，让学生能看到自己的进步、长处和不足，从而使预习工作能更好地开展下去。

第二节　课堂互动渗透核心素养

教学是教与学的有机合成，课堂教学是一个师生双方的互动过程。学生是课堂的主体，教师是组织者、引导者，这就要求教师要与学生进行有效的互动，即“师生互动”。而在互动的过程中，教师要有效地实现教学的目标，使学生轻松地完成学习任务。英语课堂在提高学生英语知识水平的同时，还应增强学生英语交际的互动性。因此，英语课堂教学应该是以互动为主的，进行语言的互动与交流是英语课堂必不可少的内容。交际互动式教学具有角色互换的特点。在课堂上，学生和教师是处于平等的地位的，而这里的互动也并非局限于教师和学生。学生之间的互动在英语课堂上更能体现出互动这一特性。所以，在高中英语的课堂中，完善互动环节是有效教学的保证。

一、高中英语课堂互动的现状分析

当前，我国高中的英语课堂上还存在着许多问题。在课堂上，学生使用英语进行交流的机会很少，交际水平仅仅停留在一般的模仿、背诵上，“哑巴式”英语依然存在。教师在课堂中很少与学生进行沟通交流，只是一味地灌输英语的语言知识，“满堂灌”的教学模式还留有明显的痕迹。在一些课堂上，虽然存在互动，但这些互动主要停留在课堂中的提问上，提问中的师生交流也比较表面化和机械化。总体来讲，高中英语课堂互动的现状不容乐观。

首先，课堂最常见的互动形式——提问，并没有达到课堂互动的预期的效果。其一，在问题的设置方面，内容较简单。起初教师的提问并不是趋于简单化的，而是有许多较难的问题，但学生回答不上来，再加上许多学生回答问题时容易紧张、害羞，害怕答错问题甚至抗拒回答问题，这样的现状导致了教师为了达到互动的目的而在问题设置方面更偏向简单、回答率高的问题。其二，提问的形式较单一，有些教师并不重视提问的方式研究，简言之就是“我来问，你来答”，教师对问题直接明了地表述，而学生直接回答问题要求的“点”即可，甚至有些教师不要求学生在回答问题时说出完整的英文句子。教师在提问时直接问问题，不能够有效地融合对学生的引导、启发，也不能调动学生的思维，促进他们的思考，同时不讲究方式、方法的提问，不能够提升学生回答问题的积极性，这样的提问过于表面化，脱离了课堂互动的目的和要求。教师对学生回答问题的敷衍态度不纠正，甚至对学生回答问题的要求很低，只要回答出自己想要的那个单词即可，这样的提问十分不利于发挥提问的互动作用。其三，学生只是机械地回答问题，甚至为了“回答问题”而“回答问题”，自己想说的话不能完全表达出来，而教师也不能通过有效的提问方式来调动学生的热情，无法形成积极有效的互动和师生间的情感交流。

其次，师生间的其他问题互动效率也比较低。教师会在课堂上面向全班学生问一些问题或者进行其他交流，而纵观高中英语的课堂，许多学生不愿意回应教师的话，有的学生是不知道怎样回答教师的话，而有的学生则是“懒得开口”，没有积极与教师互动、交流的意愿。比如，我们经常可以看到课堂上教师讲授过一个知识点后问大家：“大家都听懂了吗？学会了吗？”讲台下面鸦雀无声，没有人说“会”或者“不会”，直到教师再三追问：“大家到底学会了吗？给我一些反馈好不好？”这时学生们才会一股脑儿地回答：“学会了。”而至于是否真的学会了、是否所有人都学会了则无法得知，这样的互动更像是在压力下的被迫互动，即使有的学生没有听懂也会迫于教师和其他学生的压力回答“学会了”。

最后，英语课堂上生生互动的质量普遍不高。在英语课堂中，教师会经常组织学生以同桌、小组为单位进行互动交流，比如，进行主题对话、讨论问题等。而学生之间的互动过程中常常会出现“中英文穿插”或者英语发音不标准的情况。在学生间的对话和讨论问题的过程中，往往还会出现态度消极、机械地说英语等问题，这很难达到课堂互动的效果。

综上所述，高中英语课堂的互动效果普遍没有达到预期的程度，现状反映的问题值得教师们深思。课堂互动在内容、形式方面还需要教师积极地探索更加有效的组织策略来完善和创新。

二、将核心素养渗透于课堂互动的环节

在设置课堂互动的内容和形式之前，教师应该对教材进行整体性的认识和把握，这样才能保障互动的内容紧贴教材、互动的形式助力课堂教学，使互动与教学相辅相成。教师可以先分析教材的内容设置，以此为出发点设计课堂的互动环节。以人教版高中英语教材为例，每个单元以一个话题为中心，通过语言功能和结构的板块，将语言素材串成一体。有Warming up，Pre-reading，Reading，Comprehending，Learning about Language，Using Language，Summing up，Learning Tip等多个板块，每一板块任务明确、一目了然。其中“Warming up”和

“Pre-reading”部分设置问题，以激活学生思维，调动学生已有的知识和经验，使学生主动地参与到教学活动中；“Comprehending”部分以习题的形式帮助学生深入理解“Reading”部分的英语短文，使学生琢磨短文的内容，形成对阅读的思考；“Learning about Language”包括“Discovering useful words and expressions”和“Discovering useful structures”两部分，着重介绍构词知识、英语释义和习惯用法等；“Using Language”部分，采用相对集中、不断循环、逐步加深的编排形式来进行语法训练，通过听、说、读、写，设有多种“任务”，需要学生独立地思考，去观察、发现、探索、研究、动手实践，并相互合作，课内外结合才能完成；“Summing up”部分是留给学生们自主进行本单元的回顾和整理，是锻炼学生整合英语知识能力的板块；“Laearning Tip”部分用简单的英语向学生就如何学习语言知识，如何掌握听、说、读、写四种技能，如何收集材料，如何与人交际，甚至如何提高自身的素质等，提出指导性意见，其目的是指导学生自主地学习。教材不仅板块众多、目标显而易见，而且内容丰富，涵盖了文化传统、风俗习惯、体育活动、学习方法、行为规范、社会科学、自然科学、人际关系、环境保护、娱乐活动、饮食文化、生态平衡、能源交通、名人传记、传统节日、科幻故事、考古知识、道德法制等话题。教师明确分析了教材的结构和内容，就可以为课堂互动打下坚实的基础，接下来也就可以以核心素养为线索，以教材的内容为依托设置课堂的互动。

（一）依托核心素养的理论设置互动内容

通过分析教材的板块，我们不难发现，板块的内容定位已经很明确地显示了互动的设置。比如，像“Warming up”和“Pre-reading”这样的板块内容已经设置好了许多问题，教师可以依托这些问题通过提问的方式进行课堂互动；像“Reading”部分的内容，教师可以通过点名学生读课文、提问其他学生关于读课文学生哪里发音不标准等方式来完成课堂的互动，完善学生语言能力两个目标；像“Comprehending”和“Using Language”这样的板块，涉及讨论和说英语的训练，教师可以结合这些部分的内容以小组讨论、汇报等形式来设置互动。这些板块的教学都可以直接应用教材的内容来充当互动内容，既简便又贴合教学目标。

而像“Reading”和“Summing up”这样的内容，教师可以巧妙地结合核心素养，通过让学生总结在阅读过程中找到的窍门、对单元整合的思路探讨来进行互动；像“Learning about Language”这样的板块，教师可以通过让学生设置单词、短语和语法结构使用的情境进行造句来完成课堂的互动。这些方法是对学生学习能力的培养，同时也是认真完成教材教学的有效法宝。

从培养学生思维品质和文化品格的核心素养出发，设置互动内容则需要考虑教材的主题内容。比如，针对文化传统、风俗习惯、娱乐活动、饮食文化、名人传记、传统节日这些主题内容，教师可以着重从文化品格入手，多增添一些探索不同文化异同的互动内容，如“Cultural relics”这一课的重点内容之一是让学生了解琥珀屋的历史和其他的世界文化遗产，增强学生的文化遗产的保护意识。在课堂上，笔者给学生们播放了一段英文视频，内容是对雅典卫城、伦敦塔、爱丁堡老镇等世界文化遗产的介绍，包括这些文化遗产的由来、历史以及其展现的特色文化，之后笔者组织学生们就对待西方优秀文化的态度进行了讨论。这样的形式不仅可以让学生涉猎更多的知识，还可以帮助他们形成优秀的文化品格。而针对行为规范、社会科学、自然科学、人际关系、环境保护、生态平衡、能源交通、科幻故事、考古知识、道德法制这样的主题内容，教师则可以多设置反映思维品质的内容来进行互动，如笔者曾经结合“First aid”这一课的“Reading”部分内容让学生先查阅、了解急救知识，随后笔者在课堂上用10分钟的时间组织“急救知识竞赛”的活动，与学生进行竞赛互动，这样不仅帮他们开阔了眼界、拓展了生活常识，还锻炼了他们的思维能力。

从核心素养的理念出发，课堂互动还可以容纳更多的综合性内容。以板块定位为标杆来设置互动的内容，是高效进行课堂互动的捷径。

（二）基于核心素养的要求创新互动形式

课堂互动的形式常见的有提问、师生对话、生生对话、讨论等，因此教师可以从核心素养的要求出发，创新互动形式。

比如，游戏互动可以成为英语课堂的新颖的互动形式，游戏互动形式活泼生动，既可以调动学生学习英语的热情和积极性，还可以活跃课堂的气氛。如可以玩“造句接龙”的游戏，即学生按照座位顺序将每一单元的新单词进行造句，这样既可以确保与大部分的学生进行互动，提高学生的参与性，也可以在无形中锻炼学生的语言能力。

又如，以课题研究为主题进行互动。教师可以根据教材的重点知识选择一个方向来让学生结成小组，进行课题研究，以“Festivals around the world”和“Healthy eating”这两个单元为例，教师可以制定研究中西方国家庆祝新年的习俗、中西医的饮食理论等课题，或者让学生从教材内容中自选角度来建立课题，然后按照正常的流程应用英语来进行研究。课题讨论、合作研究以及汇报成果都可以成为课题互动的不错的形式，这既可以培养学生的学习能力，也可以发展学生的思维能力和实践研究能力。

再如，组织英语辩论的活动。教师可以根据教材的内容，筛选一些学生感兴趣的辩题。如笔者曾结合“Women of achievement”

这一单元让学生组织有关“女性对社会的影响”“女性与男性谁对社会发展更重要”等辩论赛，学生在辩论之前会先去查阅资料、收集案例并组织语言，这是培养其语言能力和学习能力的过程，同时，采用辩论的形式还可以培养学生的发散思维，不仅辩论台上的学生可以得到有效的互动练习，台下的学生也可以锻炼英语听力，一举多得。

其实，课堂互动还有许多创新的形式，比如，师生互换的“我当一天英语教师”活动，即让学生到讲台上来讲一段课文、按照学号顺序做英语值日报告、为英文影视剧配音等，只要能够与教材的内容精准对接，融入学生对语言和学习能力的训练、对思维品质和文化品格的培养，都可以作为很好的互动手段，为英语教学增添活力。

第三节　重、难点知识辐射核心素养

教学重点是指教学过程中的重点内容，是课堂教学中需要解决的主要的矛盾，是教学的重心所在。教学的难点是指那些结构复杂、抽象，教师较难讲清楚，学生较难理解或容易产生错误的那部分知识、技能与方法。研究教学的重点与难点是分析研究教材的关键步骤。这项工作既是教师制订课时计划的重要组成部分，也是设计教学方案和实施教学过程的基本依据。在讲授重、难点知识时，教师应该从核心素养的理念出发，使重、难点知识辐射核心素养，利用核心素养的培养方法来各个击破重点和难点，整合贯彻核心素养的要求。因此，在认识和理解教材的基础上，教师首先要做的就是依据课程标准和教材的内容，并结合学生的实际，经过提炼加工，科学准确地制定教学目标，确定教学重点和难点。

首先，教师要深刻地理解课程标准。只有吃透课程标准的内容要求，才能明确本学科的教学任务、基本内容、结构体系、教学方法和进度要求，才能正确地确定教学重点。特别是课程标准规定的教学目的、任务，是确定教学重点的主要依据。因此，熟悉和贯彻执行课程标准，是确定教学重点和难点的第一项重要的工作。

其次，教师应深入研究教材。教材是教学的主要抓手，只有明确了教材的完整知识体系框架和教学目标，才能把握教材内容的内在逻辑关系。例如，如果教材中的某一内容是最基本、最主要的，是基础知识或基本技能，或者是进一步学习其他内容的关键，那么这一内容就是教学的重点。因此，深入钻研教材、弄清教材内容的内在逻辑关系，才能准确、科学地确定教学重点和难点。

再次，教师要全面了解学生原有的知识和技能的状况。学生既是教学的对象，又是教学的主体，教师要了解他们的兴趣、需求和思想状况，了解他们的学习方法和学习习惯。教师在了解学生的基础上，要预见学生在接受新知识时的困难和产生的问题，以便对症下药，同时避免教学中的主观性和盲目性，切实做到理论联系实际，从而确定课堂教学的静态和动态的重点、难点。例如，当原来确定的难点绝大多数学生并不感到难以理解时，教师就不必再在这个问题上花过多的时间和精力了。再如，当学生提出教师事先未估计到的疑难问题时，教师要慎重思考，合理引导，不要带有应付性的态度去应付学生所提出的问题。

最后，教师必须善于总结经验。教师要总结自己在解决教学的重点和难点问题方面的经验，同时也要虚心学习别人在这方面的经验。不断地用别人的经验去修改和完善自己的教案。这也是正确确定教学重点和难点的重要工作之一。在确定教学的重点和难点的基础上，教师要本着“发现问题—解决问题”的思路，以重、难点知识辐射核心素养，实现重、难点知识的分解和突破。

（一）重点词汇辐射核心素养

词汇的学习包括单词、短语、固定搭配和习惯用语。依照核心素养的思路，任何知识的教学都不是孤立的。词汇的教学同理，它是音、形、义的结合，也要在听、说、读、写方面得以体现。所以核心素养下的词汇教学要有系统性、关联性。

（1）充分运用语音和词形结合的规律。语音既是英语课程总目标——培养学生综合语音应用能力中语言知识部分的重要组成内容，又是英语学科的核心素养中语言能力的重要评价内容。语音的学习很重要，不仅有利于学生正确地以声音的方式表达思想，而且对学生学习和记忆词汇大有帮助。在教学中，教师要注意引导学生学习掌握字母或字母组合的读音规则，从而掌握正确的拼写方式。

（2）词汇教学与语法教学相结合。语言学家把语言交际看成一个多层次的过程。词义和结构、形式是相互依存的。换句话说，有了一定的词汇，还必须依靠有效的结构来进行表达；而结构形式本身又可以影响词的语义。因此教师在英语的教学中，不应该把词汇教学与语法教学脱离开来，比如在讲一个单词时，尤其是实词时，教师应该结合语法的结构来讲。这样不仅可以建立知识间的联系，还可以使学生的词汇和语法的学习相互促进、相得益彰。

（3）词汇教学与语篇分析相结合。词义不仅与句子结构有密切的关系，而且与篇章结构也有着密切的关系。因此，把词汇教学放在阅读中进行，即把词汇和语篇放在同一语言材料中学习，这样能使学生真正明白单词词义的细微差别，而这些差别只有放在一定的语境里比较，学生才能理解更透彻、印象更深刻。词汇教学与语篇分析相结合，是词汇教学的有效策略，还能在语篇分析中提高学生的思维能力。

（4）词汇和阅读相结合。这种方法有助于学生和教师共建教学内容。因为所有学生最终都是从课堂教学所学的内容中创造自己的学习框架，这样有利于学生联系自己的实际去理解所学的词汇，增强对这些词的记忆。另外，这种方法能增强学生学习过程的参与意识，提高学生的兴趣和效果，并且通过阅读教词汇能给学生更多的机会对语言的用途进行较深层的理解和处理，发展语义网络，最终促进学习。词汇与阅读相结合的教学方法与词汇教学与语篇分析相结合的教学方法相似，都是词汇教学的好方式。

（5）采取多样化的词汇教学形式。英国著名语言学家C. E. 埃克斯利指出，教英语的最好方法就是能引起学生学习英语兴趣的那种方法。要使学生在学习的全过程中主动、积极地参与到课堂的语言实践中，教学方法必须灵活多样，即教师要设法利用各种能引起学生兴趣的方法，去启发、感染他们，充分调动他们的积极性。比如，教师使用直观教具和电化设备来进行词汇教学，能使外语的教学过程变得生动形象和直观，加深学生对词汇的印象，强化学生的记忆；还可以借助动作造型（如教“cover one’s eyes with hands”时可以用自己的双手遮住自己的眼睛，或者找学生起来做动作），加深学生对短语的印象，即使下次有学生忘记也可以用相应动作去提醒他们。创新是核心素养的精华所在，教学的创新也是核心素养落实的方式之一。

（6）积极创设情境和语境联想语言词汇。在教学生相近的词型和固定搭配时，如“frightening，frightened，frighten somebody into doing something，frighten somebody out of doing something”这几个词，教师可以编织一个人被抢劫的故事，并把这几个词都编排进去，然后让全班一起把故事串讲一遍，这样记忆单词既轻松有趣又效率高，而且还融合了学生的语言能力的培养，一举两得。

（7）教会学生正确使用词典。教师要帮助学生根据个人的基础和学习能力选择合适的词典，在选择上要因人而异，程度好的学生推荐英汉词典。不提倡学生使用电子词典。同时，教师要引导学生正确使用词典。比如，在做阅读理解和完形填空时，教师要告诉学生不要碰到生词就查词典，而是要先学会根据上下文来猜词，或根据构词法等来理解生词的含义。然后等题目做完后，再把生词查出来记录到生词本上，作为平时的生词的积累。当然，在查词典时，教师要让学生知晓：如果是积极的词汇、高频词汇就要详查其常用法；如果是消极词汇、低频词汇简单知道意思就可以了。相对于词汇学习来说，词典的使用是一项综合性的能力，符合核心素养的要求。

（8）带领学生及时进行归类总结和复习。心理学的一系列实验和生活常识都表明，系统化的材料比零散的材料更容易记。鉴于此，当学习一段时间后，教师应适当集中时间把学过的单词进行归纳、分类，集中复习一次，使学生学的词汇系统化，便于复习和记忆。归类总结和复习不仅可以提高词汇学习的效率，而且可以在无形中促使学生养成良好的学习习惯。

（二）重、难点句型和语法辐射核心素养

（1）教师可以认真地推敲呈现语法的方式。教师呈现语法可采用多种途径，如借助图片、歌曲、影像等。比如，在高三学倒装句时，笔者以“江南style”导入“我班style”，让学生回想他们在运动会入场时的情景，比较A、B两种解说的优劣。A：Students of Class 14 come here. They are energetic. B：Here come students of Class 14. So energetic are they that they attract our attention. 以这样的方式呈现倒装句，激发了学生们的兴趣，提高了学生学习的热情，学生都听得津津有味，由此教学很有成效。正如“A good presentation is half done.”所说的那样，在呈现句型和语法时，教师能够用心推敲出不错的方法，这不仅可以激发学生的学习兴趣，还可以引起学生的重视。同时，这样具有趣味性、创新性的教学方式也是核心素养理念所提倡的。

（2）教师可以运用教学媒介击破教学的重点。比如，多媒体教学就可以使语法教学发生新的突破。丰富的课件使抽象的语法生动、直观，课堂容量加大。笔者在带领学生学习情态动词时，播放了纪录片

《舌尖上的中国》片段，让学生区分must和can't：When you eat fish you must be careful with the bones. That can't be true. 学生们都感到十分新奇。在带领学生学习句首否定词的倒装句时，笔者播放了歌曲*Rhythm of the Rain*，并显示了歌词："... little does she know that when she left that day"。而歌曲*Here I Am*则是用来帮助学生学习主语是人称代词的倒装句的有效武器。在学习"only"引导的句子时，笔者播放了《大话西游》电影的片段及歌曲*Only You*，并鼓励学生跟唱，这样他们很轻易地就记住了"only"加主语不倒装，使语法的教学事半功倍。结合多媒体，学生在学习的同时受到视听等多种感官的刺激，并且受教方式更加直观、生动，不仅有对语言知识的教学，还融入了核心素养中文化基础部分的内容，其学习效果可见一斑。

（3）教师要培养学生温故而知新的习惯。学生们常混淆非谓语动词和时态、have done和have something done、定语从句和同位语从句等。因此尽管每单元聚焦一种语法，教学却不能孤立而教，教师可以根据学情，带领学生温故知新、厘清概念。如在带领学生们学习同位语从句时，笔者利用教材提供的表格让学生造句，并结合朗读，帮助他们发现同位语从句的特点。之后让学生回顾前两个单元的从句作宾语、表语、主语的情况，让学生自主归纳，以口诀的方式辨异同，最后笔者引出定语从句，方便学生做比照。这样的教学方式让学生充分了解到了所学的语法，并使他们对这些语法形成了清晰的概念，促进了学生的融会贯通。这样，不仅可以将知识联系在一起，帮助学生形成知识的体系和框架，还可以帮助学生发展学会学习和科学精神的核心素养。

（4）教师可以结合单元知识带领学生学习重点的语法和句型。高中英语每单元的语法并不孤立，阅读部分为语法打下了基础。在人教版高中英语教材选修6的Unit 2"Poems"阅读短文中，诗歌B即是该单元的重点语法——虚拟语气，教师可以将其和语法融合，在阅读时要刻意强调虚拟语气，让学生发现句型，还可以建议学生背诵“We would have won if we had trained harder.”并以此为模板，运用归纳、演绎的方法，学习此虚拟句型。事实证明，这样的教学效果令人满意。同样在“Listening”，“Speaking”和“Writing”环节都可融合语法，强化单元词汇、语篇的学习及巩固加深。这样的方式紧密结合了教材内容，可以促进学生学英语时融会贯通。

（5）教师可以通过情境呈现的方式解析重点知识。比如，根据语法的内容，教师用影像创设真实情境，使学生置身其间，激发其学习的积极性，进而达到让学生参与的目的。语法是在具体的语言实践中总结并运用规律的过程，具体情境能使语法具体、明了。在学习间接引语时，笔者用课件展示了人物对话，让学生将情境再现并彼此转述语句，学生们都表现得非常积极，他们主动吸收、运用语法，学习效率显著提高。再比如，有一次，笔者在教学生学习现在完成进行时态时，课堂有两名学生一直在窃窃私语，于是笔者适时利用这一情况对学生说：“They two have been talking.”这样的情形巧妙地被创设成了教学中恰当的情境，使学生易学、易懂。同时教师要善于利用真实的、周围的事物或者案例来辅助教学，这样也可以在无形中影响到学生的理性思维。

（6）教师可以有目的地组织学生自主学习与合作学习。语法规则是从具体的语言中抽象概括而来的，学语法要观察、分析、总结。“纸上得来终觉浅，绝知此事要躬行。”教师呈现语法不必一语道破、全盘托出，要给学生以思维空间，激励学生思考、探究规律，使学生在课堂上自主学习，从而促使学生主动探究，合作学习和自主学习相结合，使学生互相促进。教师应深信，在互助和竞争中，学生会有更佳的表现。同时自主学习和合作学习也是贯彻核心素养中自主发展这一重大素养的有效落实方式。

（7）教师应设置适量的练习来帮助学生巩固重点知识。语法学习要经历呈现、分析、总结、运用的过程。学生运用所学，可以通过听、说、口头练习，也可以通过书面习题来练习。如学定语从句，可以由简到繁，先从填写引导词“that”“which”等入手，再找定语从句，而后用定语从句连接两个句子。从文章改写到写出含有定语从句的句子、语篇。教师应该根据学生的学习情况设定不同层次的练习，组织学生进行有针对性的训练，以有效、适当的练习来巩固语法，促使学生深入掌握语法。

总之，在核心素养的视角下，剖析高中英语的重点句式和语法知识，就要从建立知识间的联系开始，考虑英语学习的综合能力的培养。这样不仅可以创新形式，使教学手段更加生动、灵活，还可以将核心素养的目标体现在教学内容的遴选中，使句式、语法的教学更加深入人心。

第四节　总结与反馈体现核心素养

一、教学总结与核心素养

（一）高中英语教学总结的现状

课堂的教学总结是在一堂课结束前，教师与学生共同对课堂用到的、学到的知识与技能、过程与方法、情感态度与价值观进行的总结。优秀的课堂教学总结，能使学生更牢固地掌握学习内容，并且对学习的知识起到画龙点睛的归纳作用，还可以充当课堂复习、回顾的方法。与此同时，教学总结还是教学反思的基础工作，是教学环节中比较重要的一环。

然而，现阶段高中英语课堂的教学总结工作普遍做得不到位，主要有如下三个比较突出的问题。

其一，教学总结工作缺失。许多教师并不会在课堂上做教学总结，而是在教案中或者教学反思中进行单独的教学总结，这样的方式让学生无法看到或者无法听到教学总结，而教学总结也就成了教师“自己的事”。如此，不仅不利于学生回顾课堂的知识和教学的过程，还使教学活动不完整地呈现在了学生的面前，不利于教学活动的完善。有的教师会在课堂上进行教学总结，但是缺少让学生进行自我总结的时间。这样学生参与不到教学总结的过程中，教学总结依然是教师“自己的事情”，没有学生的参与，教师就不能透彻地了解学生的所思所想，就听不到学生的心声，不利于教学总结乃至整个教学过程的发展。

其二，教学总结工作敷衍了事、不够深入。许多教师仅在课堂中进行简要的总结，如这节课讲了什么知识点、大家学到了什么做题方法、大家学习情况如何，而缺少了对教学目标的完成情况、教学过程的顺利与否、学生出现了怎样的问题等内容的总结。这样的总结内容使教学总结不够完整和深入，教学总结更像是一项学校管理部门留给教师的“作业”，不仅使师生的态度都变得敷衍，不重视教学总结，还使教学总结失去了原有的色彩和意义。

其三，教学总结工作难以发挥自身的作用。许多高中英语教师的教学总结仅限于“总结”，而后并没有通过总结进行反思或者改进，同时学生也仅限于听到了总结，没有产生其他的思考。比如，本节课的教学目标的完成并不顺利，原因是学生的预习不够到位，那么接下来教师要强调预习的重要性并寻求策略来辅助学生高效预习。但是往往现实中的总结仅仅分析得出原因后就戛然而止了，没有后续的思考和行动。这样就使教学总结陷入了僵局，难以发挥其应有的作用。

总而言之，高中英语课堂应有的教学总结工作的现状不尽如人意，不仅没有达到教学总结的目的，没有起到教学总结的作用，还偏离了核心素养的要求。核心素养在教学方面提出的建立教学环节和知识体系的联系、完善学生的自主发展能力等要求，都不能够在教学总结中有力地体现出来，这样的现状值得教师们进行深刻的反思。

（二）高中英语教学总结体现核心素养

在国家积极倡导核心素养的时代大背景下，教学总结工作也应该跟上教育革新的脚步，从核心素养的视野出发，改进教学总结工作中现存的问题，将教学总结不断地完善，以核心素养的思维创新改进教学总结工作。对于高中英语学科来说，教学总结十分有必要。因为在学习英语时，学生会不断地产生怀疑和犹豫、迟疑，且学习英语是一个不断探索前进的过程，所以教学总结对于学生和教师来说十分关键，它可以整合英语学习的方方面面应注意的问题，总结英语学习的过程。因此，教师需要从核心素养出发，积极、认真地完善教学总结。

首先，课堂教学总结应结合课程的目标来进行。新课程标准明确提出了知识与技能、过程与方法、情感态度与价值观三维目标，因此总结要体现出对目标的总结。教师和学生都应明确每一节课的知识与技能属于哪一层次的。在课堂总结的时候，了解和理解层次的内容可以让学生自己进行总结，而掌握层次的内容则要通过课后作业来体现，对于灵活要求层次的内容就需要教师进行点评与总结。在过程与方法的层面，教师要注重总结教学的过程，包括教学过程进展得是否顺利、过程中出现或者反映的问题、在教学过程中有哪些新的收获；还要对教学方法进行总结，总结出本课运用的方法是否适合教学的内容和学生，总结出在当前的教学方法中学生的学习情况，如接受知识的速度、理解知识的程度等。以上这些内容是教学总结的最基本的内容，也是教学总结的核心要素。

其次，课堂教学总结还应该结合核心素养的目标和要求进行评价。这也是对课程目标总结的完善和补充，前文中已经对课程目标和核心素养的关系进行了剖析和论述，因此，教师在课堂结合课程目标进行总结后，要上升到核心素养的高度再进行总结。比如，总结本课融合的核心素养理念和内容有哪些，总结本课达到了核心素养的哪些培养要求，总结通过本课的学习能够培养学生的哪些核心素养，等等。

再次，课堂教学总结还应注重学生的学习反思。学生是教学活动的主体，学生的学习情况是教学总结关心的头等大事。总结不应只是由教师来进行，其也是学生学习的重要环节。“学而不思则罔，思而不学则殆”告诉我们学习与思考之间的辩证关系。思考不仅是学生对所学内容的理解，还应该是学生对教学活动的思考。因此在教学中，教师要给学生自我总结的空间，这也是培养学生自主发展核心素养的落实手段之一。

最后，课堂教学总结还要重视以疑引新和延伸、拓展。教师进行总结时，要根据教学的知识系统，提出承上启下的新问题。这样可以使新旧知识联系在一起，同时可以激发学生的求知欲望。在课堂总结中，教师还要抓好课堂教学内容与学生生活世界的关系，与社会实践之间的联系，让学生认识到学习知识是和日常生活息息相关的，这样能促进他们运用所学习的知识解决实际问题，让他们体会到学习的重要性，能够将知识学以致用。同时学会学习、将知识融入实践、勇于探究和理性思考也是核心素养的重要要求。

二、教学反馈与核心素养

（一）高中英语教学反馈及其现状

反馈就是控制系统把信息输送出去，又把其作用结果返送回来，对信息的再输出产生影响，起到控制的作用，以达到预定的目的。因此，反馈是复杂系统行为的决定因素。教学是一个有目的的、有方向的、完整有序的、复杂的信息传递系统。在这一系统中，教师既是教学信息的传输者，又是反馈信息的接收者。在教学的过程中教师起主导作用，是整个教学系统的控制器。当然学生也不是简单的信息接收者，他们还要将加工与处理的信息通过一定的方式输出出去。这个输出的信息对教师来讲，就是反馈信息，教师依据反馈信息对自己整个教学活动状态做出分析与判断以及必要的修正和调整。对于学生来讲，他们也要从教师那里获得和自己有关的学习行为及其效果的反馈，并根据教师的反馈信息，对自己的学习活动进行反思总结，并及时修正与调整自己的学习行为及方式，使自己在教学中处于一种积极的状态。

教学反馈贯穿于整个教学活动过程中，它既是教学过程的必要环节，也是实施教学活动和完成教学任务的基本方式与重要手段。教学信息的反馈是整个教学传播过程的重要内容，还是联络“教”与“学”的纽带。首先，教学反馈信息可以帮助教师了解自己和他人的教育效果和质量，总结经验和教训；学生则可以通过反馈信息了解自身学习的结果和成效，双方以反馈来推动教学。其次，反馈是教学过程的检测手段，是检查课堂教学效果、教学进度、教学达标程度以及教学设计是否合理的有效手段。最后，反馈对于整个教学过程都具有调控的作用，教师可以通过反馈信息及时调整某一个教学环节，如教学进度、教学难度和方法等。

目前，高中英语教学反馈的现状还有些不足之处需要教师积极地反思并改进。高中英语教学反馈现状主要可以概括为如下四点。其一，教学反馈不到位、不深入。课堂上尤其是教师针对提问的反馈比较匮乏。大部分的反馈局限于简单判断学生回答问题是否正确，而不做其他的反馈。其二，教学反馈的方式单一、乏味。许多教师的反馈态度比较生硬，在反馈中并没有放下“教师的架子”。笔者认为学生的行为活动以教师的评价反馈为标杆。其三，教学反馈不讲究方式、方法。比如，针对不同性格特点的学生采用不同的反馈方式才能走入学生的心里，对于学习掌握程度不同的学生要区分鼓励与激励等方式。其四，教学反馈的效用不明显。良好的教学反馈会促进教学活动的良性循环。良好的教学反馈不仅能让学生更加积极地参与到教学活动中，还能使教师收获到意想不到的教学效果。而在现实中，许多教学反馈仅仅是单纯的“反馈”，其对教学产生的效果并不明显。教育实践表明，有些教学反馈对教与学不但没有发挥应有的积极作用，甚至严重妨碍了正常教学活动的顺利进行。这样的教学反馈不仅是无效的，而且是有害的。因此，调整反馈的方式，使反馈得体、有效才是教师需要重点思考的问题。

（二）高中英语教学反馈体现核心素养

在现实生活中，由于高考和升学压力过重，高中英语课堂上师生之间的互动、教师对学生的反馈并不丰富。在传统的以语法、词汇为纲的教学模式下，教师反馈也并未得到足够的重视。我国高中英语课堂上的教师反馈大致可以分为三种：一是集体反馈与个别反馈；二是语言反馈与非语言反馈；三是积极反馈与消极反馈。这三种反馈分别是根据反馈施加的对象、反馈采用的形式和反馈答案的正误来区分的。它们在高中英语课堂上交替出现、互为补充。尽管这些教师反馈方式在课堂中有所应用，但并非所有的反馈都有效。

从效果上来看，我国高中英语课堂上的教师反馈主要有两种：评价性反馈和话语性反馈。前者主要指教师提出展示性的问题让学生来回答，然后对学生的回答进行评价，重视的是语言的形式。后者的目的是引导学生参加更多的会话，重视的是内容，这种反馈方式往往是教师提出参考性问题，然后对学生的回答进行反馈。评价性反馈从内容上可分为肯定反馈和否定反馈，从形式上可分为直接反馈和间接反馈。一般教师都采用直接反馈的形式进行简单的肯定反馈，如用“right”“good”“excellent”等词对学生的回答进行鼓励或表扬，有时还会伴有对回答的重复。而教师的否定反馈可能是出于对学生积极性的保护，往往会借助反馈、要求澄清、诱导、重复错误等间接的方式，辅以沉默、皱眉、夸张地瞪大眼睛等体态语表情，用升调重复学生的回答，或用一些诸如“oh”“well”“er”“hum”等的小品词来进行消极的反馈，有时教师还会采取叫另一学生回答、直接修正或引导学生自我修正等办法，以获得预期的回答。

高效的课堂教学和积极的师生互动一直是国内外教育工作者追求的一种课堂模式。而作为高效的课堂和积极的师生互动中的一个重要的组成部分，教师的课堂反馈对学生的表现有重大的影响。因此，有效的课堂反馈值得教师用心去研究和探索。核心素养的思想深入人心，它对教学反馈也有一定的借鉴作用。比如，核心素养中以人为本的意识，指导行为的理性思维，培养学生乐学、善学的理念以及发展问题解决的创新实践能力等，都要求教学反馈要更加人性化、贴合教学的实际，鼓励教师创新探索。鉴于此，笔者总结了核心素养下的教学反馈建议。

（1）在课堂上，教师的反馈要以学生为中心，结合学生的学情、性格特点、课堂表现给予有针对性的评价，对待不同的学生反馈方式不同。比如，有的高中女生比较害羞，如果回答问题出现了错误，那么教师在反馈的时候应该尽量避免直接指出错误，可以通过反问、鼓励的方式引导其找到正确的答案，这样既可以避免打击学生学习的积极性，还可以使学生在教学反馈中感到不致丧失体面和教师的关怀、用心。

（2）教师的反馈要尽量生动、自然、多样化，避免生硬、单调、枯燥，要斟酌反馈语。比如，教师在表扬学生的回答或者其他表现时，总以“right”“good”“excellent”的话语会引起学生的“审美疲劳”，可以通过挑拣出学生的特点、优点进行表扬来使反馈更生动、多样，这样的方式不仅可以让学生看到自己的优点，帮助他们扬长避短，还可以充实反馈语，一举两得。

（3）教师要采用最有效的方式给予反馈，节约课堂时间，提高反馈效率。这要求教师对反馈的时间能够合理控制，使反馈既不冗长又不过于短暂，要一针见血地点破反馈的要点，明确地反馈出自己的中心主旨。如学生表现得好，怎么好；学生出现了什么问题或者差错，原因是什么，怎样避免等，教师要言简意赅且反馈到位。

第五节　反思与改进联系核心素养

一、教学反思的重要意义

反思是一种思维活动，它的目的是消除困惑，进而解决问题，促进实践的完整。教学反思是教师对自己“教”的行为和学生“学”的行为进行的一种目的性强的思考。教学反思包括两个方面：其一，是教师对自己的教学活动由个别体验到理性的、更全面的思考过程，是对自身的教学活动进行的扬弃性的思考；其二，是教师对教学实践所依据的教学理论、教学观念和学习主体进行的思考和再认识，以及在此基础上所形成的教学观念上的改变更新。教学反思在教学活动中占据至关重要的地位，它不仅是对教学活动的整体性的审视活动，还是教学环节的枢纽，它是对教学活动内容的总结和评价，也是改进、完善后续教学内容的有效措施，是连接教学前后内容的重要桥梁，在教学活动中起着承前启后的作用。

首先，教学反思来源于教师对教学的认识和思考。它要求教师把平时自发产生的对教学的思考变成一种自觉的行为习惯。同时它也是教学必备的一个基本环节，是教师不断提升自己、完善教学的一种方式。它有助于教师自身的发展，不仅能促使教师养成良好的工作习惯，还可以在无形中帮助教师提高教学水平、积累工作经验。

其次，反思教学的各个环节有助于教师不断地熟悉教材、熟悉学生，进而升华教学观念、改进教学方法，并且对教师自身素质的提高也有重要的作用。反思教学的各个环节，不仅可以提高教师驾驭课堂的能力，在反思中探索有效的教学方法和模式，还可以丰富教师自身的内涵，有助于在专业知识学习和素养培养方面查漏补缺，从而实现高效的教学，并且进一步发展教师的职业素养。

最后，教学反思也是教师职业道德的一种表现，时常反思是教师对教学工作认真负责的表现。它可以促进教师不断地完善自身和教学活动。做反思型的教师可以增强教师的职业道德感和社会责任感，反思促进教师更加关注学生、关注课堂教学、关注学情，促使教师对学生和工作更加认真、负责，没有职业道德感和社会责任感的教师也无法做到为人师表。随着教师的反思和改进，师生之间的关系在无形中也会得到改善。

总之，教学反思是教师必备的素质，也是教师提高教学能力、促进教师专业发展的重要手段。教学反思能改进教学手段，提高教学效率，增强教学的针对性和有效性，确保教学更加贴合目标和教学要求，在追求高效教学中有着举足轻重的作用。善于反思的教师注定是一位不断向大师靠拢的教师，我们应该重视教师的教学反思并培养教师的教学反思能力。

二、高中英语教学反思的现状

不同性别、职称和地域的教师有不同的反思水平，受到的影响因素也比较多。从教育领域重视教学的反思环节开始到现在，教学反思工作依然存在一些不足之处。总体来说，教学反思的现状还不能令人满意。

概括来讲，高中英语教学反思的现状可以分为四个方面：其一，高中英语教师的反思总体处于中等水平；其二，不同性别的教师、城乡学校的教师在总体反思水平上没有明显的差异；其三，职称越高，反思的总体水平就越高，但是在课堂管理方面，中级教师的反思水平高于高级教师；其四，影响教师反思的因素有主观因素也有客观因素，在分析影响因素时要做到具体问题具体分析。

虽然教学反思的环节都能被学校和教师重视起来，在教学的过程中也不会缺乏反思的环节，但是在平常的教学中，不难发现，许多教学反思变了形、走了样，失去了原有的意义和作用，教师忘记了教学反思的初衷。高中英语的教学反思也不例外，典型的情况有如下五种。

（1）许多教师对教学反思存有消极的情绪。他们不仅认识不到教学反思的重要性和意义，反而把它当作一种“作业”或者“任务”来完成，消磨了教学反思的积极性。比如，许多学校对教学反思都做出了硬性的规定：每节课后都必须在教案本上写出教学反思，字数不低于多少；每学期要上交若干份不低于多少字的教学反思，以应对上级部门的检查；等等。如此的教学反思，成了教师们肩上的负担，使他们苦不堪言。而且这样一来，本应是教师积极主动的自我提升过程的教学反思就变成了一种“苦差”，进而使教师采取消极的态度来对待教学反思。俗话说“上有政策，下有对策”，教师对于教学反思就做出了许多“不得已而为之”的事情，比如，从教学杂志摘抄或者从网上下载教学反思的成稿来应付了事，以此方式来应付学校领导和上级部门的检查，并且默认没有人会看反思的内容，以此来求得自我安慰。再比如，许多教师的教学反思太过于随意，写出来的观点和内容都是一些模棱两可、没有个性、缺乏创新思考以及不切合实际的内容（如“没有突出理念或目标，需要进一步端正教学思想、加强学习”“课堂上讲解、分析偏多，以后要注意改变教学的方式，让学生充分地自主学习”等）。教师在反思时仅仅总结出问题，而缺乏具体的改进策略及具有可操作性、建设性的意见，这样的反思不完整、不深入，较为敷衍。

（2）许多教师所做的教学反思仅仅停留在个人的层面上，缺乏对教学整体环节的审视。困于个人的空间进行反思，难免会出现“不识庐山真面目，只缘身在此山中”和“当局者迷，旁观者清”的困惑，教师只能看到自己和自己所在的一个小环境中的问题，而不能与其他教师的教学做比较、分析，更不能从更高的角度来审视本学科的教学工作，这样的教学反思局限性明显。其实，反思不仅是对自己教育、教学行为的思考，还包括反思别人的行为，如学生的行为、其他教师的行为以及教育管理者的行为等。因此，反思不应该只是个体的行为，它更应该融入集体的智慧，发展成集体的行为。

（3）各学科、各学段的教学反思普遍趋于敷衍化。教师对教学反思的认知存在着偏差。比如，一名教师在听了某特级教师的公开课后，就会在自己的教学反思中写道：“你看人家那些学生都思维活跃、语言能力强，积极配合教师授课。这样教师在教学时能省多少劲？如果都是这样的学生来听我的课，那么我也可以上一节成功的公开课。但是再看自己班里的学生，我只能摇头、苦笑，就算是请名师、特级教师来，他也驾驭不了这群学生和这个课堂。”这样就显示出了教师教学反思的敷衍性和消极性，而且对教学反思的认知存在严重的偏差。教师因为自身缺乏解决问题的办法，只好归因于学生，而错误的归因、推卸责任的思考方式则导致了敷衍、消极的反思，使反思失去了原有的价值，教师在反思中也收获不了什么。

（4）许多教师的教学反思只重过程，不重结果。反思过程虽然详尽、认真，但是虎头蛇尾，结论不能应用于改进教学过程，对反思的结果落实不到位。教学反思的目的是找出教学中的不足，避免以后犯同样的错误。教师反思后，其教学应该能超越反思前的教学。但是现在许多教师所做的反思，往往过于关注反思的过程，关注怎样进行反思、怎样形成反思，关注反思的文章是否写得辞藻华丽、语言发人深省，而对反思的结果却很少顾及，对反思后能否实现教育教学的超越也很少能够顾及。教师很少关注通过反思活动，教学能够改善到什么程度，也很少关注反思的问题是否能在现实中得到积极的解决，反思仅仅是写出“反思”而没有真正反思并落实，于是反思成了一种发现错误的形式，却没能真正落实到改正错误的行动中去，从而失去了反思的价值。

（5）许多教学反思普遍忽视了学生，只看到了教学的过程和教师发挥的作用，使反思显得片面化和表面化。很多教师在写教学反思时，着眼点大多集中在教学的内容是否新颖、实用，是否彰显了时代性；教学的方式、方法是否适当、正确、高效、可接受性强；教学的组织形式是否合理，是否能够形成凝聚力，能否激发学生的热情和积极性，以及教学的效果是否达到了要求，是否取得了令人满意的成果等。大家往往关注的是“教师怎样教”这一层面，而对“学生的反应”进行反思的并不多。其实，学生的关注点有很多并且也都非常重要，比如，学生接受和理解的程度、学生产生的新思路、学生的质疑、学生在学习过程中的瓶颈与问题、学生的反应是积极的还是消极的。教师的教最终应以学生的学习发展为宗旨和归宿，忽视对学生的分析和思考也就失去了反思的意义和价值。

三、高中英语教学反思与改进联系核心素养

高中英语教学反思的种种现状都体现了教师反思不到位的现象。教学反思的不到位，不仅会影响到教学活动中改进环节的质量，还会直接

影响到对学生核心素养的培养和发展。因此，教师需要积极完善教学的反思和改进活动，并促使二者与核心素养相联系，使其助力于教学的发展，完善教学的整体过程。

（1）理性思考、勇于探索和创新不仅是学生亟待发展的核心素养，更是作为教育管理者的教师应该自我反省并发展的素养。人性化的学校管理应该以激励为主，促进教师教学活动的进步，因此学校要改变那种只查看教学反思的篇数和字数的检查方式，要鼓励教师积极反思，比如，可以组织教师集体研讨，让大家畅所欲言。有的教师，尤其是文科教师擅长写，文思泉涌、妙笔生花，能够把所思、所想通过文字充分地表达出来，那就可以鼓励他们去写教学反思，写出自己的真实想法和真情实感；而有的教师，尤其是理科教师擅长讲，能够侃侃而谈，能讲出许多有价值的内容，那就鼓励他们谈自己的教学反思，给他们创造“谈”的机会和空间。因此，学校对教学反思的形式应该灵活地掌握，不必拘泥于表达的形式和内容的长短，只要教师积极地参与到教学反思中来，能够做到言之有理、言之有物，反思可以反映出其对教学的慎重思考就值得肯定和鼓励，同时他们也一定会有所收获。为了展现教师思维的成果，学校可以整理教师的发言，复印教师的优秀教学随笔、反思，传阅给其他教师学习，这样可以激励教师更好地参与教学反思，消除消极、懈怠的情绪。

（2）教学反思要从个体走向集体。发挥集体反思对个体反思的补充作用。教育教学中的很多现象是普遍的甚至是相似的，教师在遇到困惑的时候不妨先和同伴交流，听听他人的看法，再谈谈自己的体会，在各抒己见中，寻找解决问题的方案。比如，笔者经常把班级里出现的问题与其他班级的英语教师讨论，这样不仅可以发现许多班级同样都存在某种问题，还可以综合几位英语教师的意见形成一个或多个策略来解决某种问题。集体活动为很多人提供了相同的教育情境，集体教研活动后的集体反思就显得尤为重要。比如，以笔者所在的学校为例，各个学科的教研组组织教师们互相听课，然后针对其他教师的课堂来写教学反思，这样教师们可以看到其他教师的不同思路，看到不同的反思内容，有利于教师们把眼界打开、把思路拓宽，领略到“旁观者”的思考。同样的教学问题，不同的人可能会有不同的解决方案，大家可以在与同伴的交流和反思中取长补短，在不断地听、评与反思中，逐渐提高自己的反思能力。集体的智慧不仅可以使教学反思更加充实、丰富，还能够考虑到学生学习的方方面面，是培养学生综合能力的策略来源，是促进学生发展核心素养的必备要素。

（3）教师的教学反思要走出消极思想的阴影，必须跳出个人反思的小圈子，把个人反思与同伴的互助结合起来，自觉融入集体中，以他人的智慧、集体的智慧引领自己走上新的台阶。在反思的过程中，教师可以增加一项“对照反思”内容，即对照其他教师的行为或者提出的反思意见来反省自身、反省自己在教学过程中是否出现过应该改进或者完善的内容。教师还可以积极向同事请教，如果依靠同伴互助仍然难以走出“谜团”，那么教师就应该向专业人员请教，自觉把个人的经验和心中的困惑放到更广阔的平台上供大家审视、研究，个人反思也就有了更长久的生命和更广泛的价值。教师还要多从自己身上找原因，比如，学生受到年龄、思维的局限，其表现千差万别，而教师一味把教学的不成功归因于学生，这种做法过于主观。教师要从自己身上发现问题，可以分析学生的特点来“对症下药”。教师要锻炼自己，争取能够把各种各样的学生都教导好。上述这些科学对待教学反思的思路和行为，正是核心素养中“科学精神”这部分对教师的要求。

（4）教师还要注意一点：在实践中反思、在反思中实践。因为教学反思的本质就是理论与实践之间的对话。在教学中，教师要努力地把前瞻性反思、过程性反思和回顾性反思结合起来，用反思来提高实践的效益，用实践来提高反思的质量，进而使实践与反思相得益彰、相互促进，提高反思的实效。比如，教师可以针对反思的时效性进行“再反思”，分析之前的反思在新一轮教学中的应用效果和作用，这不仅是教学的创新实践，更是教学科学精神的有力体现，是发展学生核心素养的前提，是教师对自身应具备的核心素养的发展过程。

（5）教师要对学生的反应予以深刻的反思，否则对学科的教学就没有深刻的指导意义。教师有必要反思一下自己是否根据学生的差异设计了不同层次的教学内容；在教学的过程中，学生是否积极参与了学习过程、学生的学习情感表现如何；在情感方面，教师是否呵护了学生的心灵、是否考虑到了外界非智力因素对学生学习的影响；从核心素养的角度，学生的知识与能力有没有得到发展、学生应具备的核心素养有没有在教学中得到关注和落实等。学生是课堂的主体、是学习的主角，因此教学反思要围绕教学活动的过程和学生两种主要因素来进行分析。

从核心素养的角度，教师的教学反思要注重联系实际，综合考虑学生本身和教学过程等多方面的因素，重视对学生的核心素养发展和培养的反思，运用科学的方式来完成对教学的分析、归纳和整合。

第六节　核心素养在教学环节中的应用实例

本节以人教版高中英语必修一的Unit 4“Earthquakes”为例，分析核心素养融入预习、课堂互动、重难点知识分解、总结与反馈、反思改进环节的方法。

一、预习环节

以导学案来引导学生深入预习。首先，导学案列出了本课的教学目标、教学重难点和一些重点的单词与短语，如爆裂、事件、废墟、立刻、突然大哭等，以填空题的形式帮助学生温习旧词汇、检查新词汇，这部分是对语言知识这一学科核心素养的融合。其次，导学案设计了几个导入这一新课的问题，如关于青海玉树地震的情况回顾、对其他自然灾害的了解、地震发生的征兆和原因等，这些是对文化意识和情感态度这两种核心素养的融合。再次，导学案列出了一些自学检测题，内容是关于“Reading”部分的初步理解和整体审视，通过填空题、判断正误和表格汇总的方式促使学生对本课重点——“Reading”部分进行认真的、独立的分析，这是对语言技能这一学科核心素养的融合。最后，导学案进入了“拓展延伸”环节，给出了课内外出现的长难句来让学生进行翻译，这些句子含有本课的重点语法知识，既是对这一课的延伸教学，又是对学生翻译能力的训练，一举两得。同时，这一环节还给出了一道没有选项的完形填空题，内容是对唐山大地震的介绍。这一部分是对情感态度和学习策略这两种核心素养的融合。

二、教学设计

（一）Teaching goals（教学目标）

1. Skill goals（技能目标）

Know basic knowledge about earthquakes.（了解地震的基本知识）

Know how to protect oneself and help others in disasters.（了解如何自救与他救）

2. Sensibility goals（情感目标）

Get the students to be aware of the terrible disasters，meanwhile get them to face it，treat it in a proper way，and never get discouraged.（使学生对灾难有正确的认识，要用积极的态度去对待灾难）

3. Ability goals（能力目标）

a. Let the students collect the information from the Internet by themselves.（独立搜集信息的能力）

b. Let the students pack up the information by themselves.（独立整理信息的能力）

c. Let the students design PPT for the purpose of showing in class.（设计制作课件的能力）

d. Feed them back to students in class，using what they have done.（课

堂反馈与学生互动的能力）

（二）Teaching important points（教学重点）

Let the students know what a correct attitude towards a disaster is and what we should do in a disaster for ourselves and for other people.（树立对灾难的正确认识及面对灾难该如何应对）

（三）Teaching difficult points（教学难点）

How to deal with the interaction between the students speakers and their classmates.（如何处理学生演讲者和同学之间的互动）

Teaching procedures：

Step 1: Natural disaster.

Show the students some top disasters in the world（by Deng Yuge Team and Zhuang Jinmao Team）.

Step 2: Famous earthquakes.

Show the students some famous earthquakes in this century in the world（by Lin Chuyin Team and Deng Yuge Team）.

Step 3: Tangshan earthquake.

Show them some pictures about Tangshan earthquake（by Zhuang Jinmao Team）. Watch a video about Tangshan earthquake.

Step 4: Signs before earthquakes.

a. Given by Wu Mengni Team in the form of pictures and words.

b. Given by Lin Chuyin Team in the form of filling blanks.

Step 5: How to escape from the earthquake.

a. Given by Zeng Jiaxin Team in the form of pictures and words.

b. Given by Zhuang Jinmao Team in the form of T or F.

c. Given by Lin Gaoxiang Team in the form of T or F.

Step 6: Imaginary work.

Suppose there is an earthquake now, and you can take nothing but one thing, what will you take? Is it money, water, fruit, mobile phones or a torch light?

Step 7: Proverbs.

Get the students to collect some proverbs from the Internet, which are something related to how to deal with disasters and what right attitude we should take and so on, then ask them to write them on the blackboard, and explain them to the students one by one.

Step 8: Homework.

a. Suppose you are in the school hall when an earthquake happens, what should you do?

b. Suppose you are in the classroom when an earthquake happens, what should you do?

c. Suppose you are in the bedroom when an earthquake happens, what should you do?

三、教学反思

（一）注重创新，以教材为模板，重新设计教学内容

上课前，在制作课件的过程中，笔者以“地震”为主题，重新设定教学内容：地球上的灾难，21世纪的大地震，唐山大地震，地震的前兆，地震中的逃生，想象性活动（假如发生了地震，你只能拿一种东西，你会拿什么？），相关谚语，作业。

创新不仅是课堂教学亟待发展的方向，更是核心素养的重要理念。

（二）以学生为中心，让学生在学习过程中体验成功和快乐

在筛选信息和资料的过程中，笔者体验到了许多快乐和烦恼，有“得来全不费功夫”的快乐，也有“踏破铁鞋无觅处”的烦恼。于是，笔者想，笔者得到的快乐、笔者在整合过程当中尝到的种种滋味，何不让学生也来体会一下？也许通过这种锻炼，他们也会有意想不到的收获呢！

新课程标准更强调学生自主学习、主动学习，让他们亲自动手，一定有益！积极主动是核心素养积极倡导的行为习惯，也是发展学生能力的重要手段。

（三）把课堂交给学生，给他们一片天空，还他们一份自信

学生们辛辛苦苦做出来的作品，一定要给他们一个展示的机会。于是笔者把课堂交给学生，由他们去展示自己的东西，让他们品尝成功的快乐，同时也给他们一个机会，让学生之间进行互动和反馈。在众多小组和作品中，笔者根据不同的主题进行分组，每个主题选出两到四组，每组自定发言人，这样，七个主题下来，就有二十余人有表演和展示的机会了，而且他们所展示的是他们用汗水和心血换来的。所以，在展示过程中，同学们没有矫揉造作而是显得颇为自信，也游刃有余。在精彩之处，不时会赢得其他同学的热烈掌声，笔者想，这掌声对他们来说更显珍贵，他们更在乎同学的评价。

发挥学生的主体作用，让学生“主动学习”不仅是教学的重要原则，更是核心素养所提倡的理念。

（四）遗憾的地方

一节课下来，笔者也有遗憾的地方。比如，课件的制作，利用PowerPoint来制作英语课件是一种不错的形式，笔者的这节课因为是学生唱主角，大多数时间是学生在台上穿梭往来，所以笔者设置了很多的超级链接，目的是节省时间、便于操作，但稍不小心，便会失去链接，只好从头再来。这一课有七大主题，每个主题又由不同的学生来展示，所以需多次重复操作，课前演练时觉得问题不大，可是上课时，还是有一次失去了链接，只好重来。学生都是以组为单位来制作自己的内容，组与组之间出现了某种主题的演示形式过于单一、雷同的现象。如地震中的逃生这一环节，有三组同学都用了正误判断的题型，且这种题型不利于学生的现场发挥，有个别同学在展示期间，明明知道同学们的答案是不一致的，需要解释原因，可是，由于他们语言能力有限，只好停滞不前。假如笔者在课前指导时及时纠正，换成图文并茂的幻灯片，既有利于台上学生表达，又利于台下学生理解，效果会更好。总之，这一课虽然有些小的瑕疵，但是在融合核心素养和教学达标程度方面还是不错的，值得其他教师参考。

第五章

5

对高中英语教师的若干教学建议

第一节 让情感充实英语教学

情感是人与人之间心灵沟通的桥梁，在教育中，情感是教育的灵魂和生命；在教学中，情感是影响教学活动的重要心理因素之一，积极的情感对教师的教和学生的学都具有心理的推动作用，是提高教学质量和效率的重要条件。

教学中的情感因素对学生的学习有重大的影响作用。身边有许多名师常以充满激情的教学方式得到学生和其他教师的认可和支持，他们以热情而富有个性的人格魅力得到了学生们的拥护和崇拜。每到他们的课，学生总是满怀期待。而相应地，学生的听课状态也会得到改善。大部分学生都能够认真、投入地听讲，与教师的课堂互动更是热烈、积极。再看这些教师所教科目的学生成绩，及格率和优秀率普遍高于其他班级。许多教师在虚心求教这些教师的教学经验时不难发现，这些教师在教学中注入的充沛情感是重点之一，他们在与学生的交流中，晓之以理、动之以情，充分表达了对学生和教学的热爱，情感在其教学过程中起到了动力的作用，如此才能有效地调动学生的学习积极性和主动性，进而彰显学习的效果。

情感是学生学习的“发动机”。心理学研究表明：情感与认知相互影响，同时与非智力因素情感如理想、信念等有着极为密切的关系。

情感可以调节这些因素的发展，具有多种功能。在个性发展的过程中，情感起着侦查的功能，它监视信息的交流，唤起主体对信念的追求。在我们身边有许多例子就可以证明情感在学习中起发动机的作用。比如，许多成绩不理想的学生，可能是贪玩、情感创伤导致其放弃学习，使学习一度停滞不前，而教师及时的情感教育则可以让他们豁然开朗；还有的学生会因为教师而爱上一门学科或者厌弃一门学科，本来对某一门学科毫无兴趣的学生，因为换了一名情感充沛、有教学魅力的教师，可能就会产生对这门学科的学习动机。而有的教师在教学中缺乏有情感的表达，讲课单调、枯燥，学生也就会慢慢丧失对这门课的兴趣和热情。情感是教学中无形的手，其带动教学的发展，指引教学的方向。

情感还具有德育的作用。情感在教育、教学中起着不可替代的特殊功能，它不仅是道德认知转化为道德信念的必要条件，而且也是道德行为和意志发展的内部动力。法国启蒙思想家狄德罗就曾指出，没有情感这个因素，任何笔调都不能打动人心。在班级管理方面，这一点尤为突出。在教学的过程中，情感对于发展学生的健全人格这一重要的核心素养也有着相当重要的作用。

情感是拉近师生距离的有效法宝。教师向教学中注入情感，不仅使教学内容变得更加生动、易理解，还使自身的形象变得平易近人、和蔼可亲，学生会在教师富有情感的教学中慢慢感受到教师的人格魅力，从而在心灵上走近教师，更愿意与教师交流互动，进而使师生关系逐渐拉近，教学也会变得卓有成效。

总之，在教育、教学中，渗透情感能更有效地提高教学的质量，起到事半功倍的作用。它在教育、教学中不可或缺。与此同时，让情感充实教学也是核心素养思想的要求，教学中的情感因素不仅可以让学生的学习效率提高、学习动机增强，还可以用以进行德育并拉近师生的距离，这正是发展学生乐学、善学、理性思维和健全人格等核心素养的重要手段之一，同时也是核心素养中以人为本这一理念要求的体现。因此，基于核心素养的要求，高中英语教师应该让情感充实于英语教学中。

美国教育学家布鲁姆认为，一个带着积极情感学习课程的学生，应该比那些缺乏热情、乐趣和兴趣的学生，或者比那些对学习感到焦虑和恐惧的学生，学习得更加轻松、更加迅速。这是因为，恐惧的心会麻痹人的正常心理活动，如知觉、记忆、思维、语言等。一个学生在正常的状态下能够完全正确地回答问题，而在恐惧的状态下就会惊慌失措、变得愚笨。即使他脑子里有这些知识，他也可能连一句话也说不出或者说得颠三倒四。因此，教师在向教学中注入情感的同时，要用心、慎重，注意对学生心灵的周全照顾，讲究方式、方法，具体可以参考以下策略。

第一，教师要重视学生的语言焦虑。语言焦虑是指在语言学习活动的过程中产生的不安、焦急、紧张，甚至恐惧的情绪状态，面对一门与自己的母语差异很大的语言，学生产生语言焦虑是十分正常的，也是十分普遍的。因此，教师可以通过情感来缓解学生的语言焦虑。

首先，教师要结合情感营造融洽的师生关系。教师要关心、爱护学生，多与学生单独进行课下的沟通和交流。这样的方式往往会很快走进学生的内心，从而建立起与学生的私人感情。教师还要重视与学生在课堂教学中的交流，一方面可以通过英语知识的传授和英语能力的培养来影响学生，另一方面可以从学生的肢体语言和目光中及时了解学生的情绪和需求等反馈信息，在这个过程中，慢慢拉近与学生们心理上的距离。

其次，教师要积极关心和帮助学习有困难的学生。对于学困生，过高的学习目标不仅不会促进他们的进步，而且会在初期增加他们的焦虑。而长期的学困生角色会使他们逐步形成一套应对焦虑等不愉快情绪的心理防卫机制，即假装不在乎学习。因此教师应该降低要求，比如，鼓励学生设立与自己学习程度相符的目标。这样适当的、能够达到的目标会让他们及时体会到成就感。

最后，教师要宽容地对待学生的语言错误。现阶段强调交际教学法比过去的语法翻译法能更有效地提高学生的听、说能力，但也会造成更多的焦虑。在教学实践中，学生进行口头表达时是焦虑值最高的时间段之一，因此教师应该鼓励学生放松地开口说，忽略小的错误，用期待的眼神看着他们，并且多用肯定的评价，不要吝啬赞美的语言，如"great""well done""good job！"等，这些小小的举动都有可能打动学生。

第二，教师应该主动激发学生学习英语的动机和兴趣。伟大的科学家爱因斯坦曾经说过："兴趣是最好的老师。"要提升学生英语学习的效果，首要的是要帮助学生克服心理障碍，激发他们学习英语的兴趣。因此，英语教学应该按照语言学习的规律结合学生身心发展的特点，采用生动活泼、形式多样的教学手段，来激发和保持学生英语学习的兴趣。教师可以借助图片、音像制品以及多媒体设备等，充分调动学生的积极性。另外，课堂中应有趣味性的互动，教师可以让学生就课文内容中的某个话题进行自由发言。踊跃的学生能够自愿站起来用英语流利地表达自己的观点，这往往能够激励部分学生效仿。即使其余学生没有主动站出来，也会在内心产生激烈的思想斗争。想要效仿他人一样自由表达与英语口语水平欠佳是这一复杂心理过程中的一对主要矛盾，这个矛盾很可能成为激励他们学好英语的强烈动机。教师还可以开展丰富的英语课外活动来激发学生学习英语的兴趣。比如，利用晚自习前的时间教授大家一些英文歌曲，如*Rhythm of the Rain*，*I Believe I Can Fly*，*Seasons in the Sun*等。教师还可以组织学生开展西方文化讲座，使学生产生强烈的学习动机。在不耽误学生的学习时间的情况下，教师通过新颖的活动来增强学生学习英语的动力。

第三，教师还需要结合语言的学习内容来渗透感情交流。英语课程的首要任务是发展学生的综合语言能力，而关注学生的情感问题就必须与英语教学本身相结合。教师要尽可能地把情感态度的讨论渗透到英语教学的内容和学习过程之中。英语新教材的使用为情感目标的实现提供了一个适宜的操作平台。比如，教材中的很多单元都与文化和艺术有关，如"The Olympic Games""Festivals Around the World"等，其目的是让学生了解和对比中外文化和艺术，培养国际文化意识，同时加深对中华民族文化和艺术的理解。同时，教师还可以针对许多人文现象帮助学生展开讨论。比如，各国的艺术家是如何执着于艺术、献身于艺术以及他们对人类艺术的巨大贡献，青少年学生如何树立科学的审美观、如何保护世界文化艺术遗产等。随着讨论的深入，势必会触及许多美好的、正能量的情感态度，如敬业奉献、意志坚强、创新出奇等，这些同时也是发展学生核心素养的基本要求。

总之，情感是打动心灵的秘诀，也是教师和学生之间互相作用的桥梁，是打开人的心灵的一把钥匙。有感情会增加教学的魅力，学生经常会因为热爱某一学科的教师而热爱学习这一学科。在发展核心素养的视角下，在情感充盈的教学氛围中，教学变得卓有成效，学生也可以在无形中形成健康的心理、情绪，良好的道德情操和健全的人格。

第二节 对异国文化去粗取精

一、我国高中英语文化意识现状

不得不承认，我国的高中英语教学一直比较强调英语语言知识的输入，而忽视培养学生的文化意识，从而导致了大多数的高中生虽然接受了多年的英语教育，掌握了很多语法规则，但只是学会了大量的英语词汇，却无法真正地应用英语这门语言工具去与他人进行跨文化交流。比如，高中生在初次与人见面时，偏向于使用“Nice to meet you.”“How old are you？”“What’s your name？”等简单的句式打招呼；回应别人的致歉时，也常用“It doesn’t matter.”“That’s OK.”这样的句子。毋庸置疑，这样的交际方式显得僵化、生硬，没有丝毫的活力可言，这种现状主要是学生不了解英语的交际文化造成的。当下中学英语教材一直强调要教会学生使用英语，而不仅仅是懂英语的知识。只有将语言与文化教学融为一体，才能使学生真正掌握英语，为他们的日后发展奠定基础。

学生的文化意识不达标，有很大一部分原因是教师的素养不够。东北师范大学外国语学院发表了一份报告，该报告明确指出，大部分中学英语教师的跨文化交际水平还不能满足现代英语教学的需要。由于教师的文化素养较差、业务能力较低，所以无法充分贯彻、落实新课程改革的基本精神。我国学者王振亚对31位学生进行文化测试，张红玲对上海外国语大学的学生进行文化测试的结果都表明，当下学生的文化能力与语言能力相比，差距较大。在教学过程中，文化教学与语言教学严重脱节。现阶段的许多调查结果都显示，在当前素质教育和核心素养呼声越来越高的背景下，英语课堂培养学生的文化意识势在必行、迫在眉睫。

二、我国高中生增强文化意识的重要性

首先，对中国学生来说，学好第二语言最大的障碍，就是不了解中西方的文化差异。英语思维的建立需要语言文化来做支点，缺失了这一支点，在很多方面都会导致学生在考试中严重失分。比如，完形填空和阅读的部分。从学生平时的练习中不难发现，越简单的完形填空，越容易出错，因为越简单的题目，学生就越容易以汉语的思维去理解，带有主观色彩去选择答案，而忽略了英语思维下的背景选择。也就是说，地道的表达和地道的思维是学生难以驾驭的。学生总是犯这样的错误：我以为是这样或我以为是那样。他们往往会忘记西方人会怎样认为，这就是忽略西方文化所致。也就是说学生要学会汉语思维和英语思维的转换，就必须了解并懂得中西方文化的差异在哪里。文化的差异性带来的理解误差在短时间内导致了学生做题时的误判，这是极其容易失分的原因，因此提高中西方思维转换能力显得尤为重要。

其次，英语是一门语言，如果孤立开来，去讲解语法、词汇，长此以往，势必让学生觉得枯燥乏味，课堂会平淡无奇。这样下去，学生就会失去学习英语的兴趣。而如果在教学中，穿插中西文化的差异性就能够巧妙地调动学生的积极性，并培养学生新奇、独特的思维。利用不同文化的差异性引起学生学习英语的欲望，从而让他们觉得学英语就是

一种享受，而不是单纯地为了考试。最终能让他们在快乐中深入地去学习，成绩也会得以提高。

最后，增强学生的文化意识是发展学生核心素养的重要要求。核心素养要求学生全面发展综合素质。从社会参与的角度出发，核心素养要求学生发展国际理解，要具有全球的意识和开放的心态，了解人类文明和世界的发展动态，要求学生与时俱进，要勇于开阔眼界去了解不同的文化。核心素养倡导学生尊重世界多元文化的多样性和差异性、积极参与跨文化交流。这就要求学生勇于正视和接纳不同的文化，尤其是在学习英语时能够对异国文化去粗取精，吸收其精华，批判性地学习异国文化的优秀之处。而中西方人们在生活中所持的不同的生活观、社会观、友情观、爱情观、社会风俗等都属于文化的范畴。如果学生不了解这些，就无法很好地去学习另一种语言。比如，在交朋友时，中西方的不同主要表现在哪里？哪些可以借鉴？哪些需要摒弃？如何将双方巧妙地融合在一起，从而培养不同以往的、更加成熟的友情价值观？教育文化存在着差异性，这一点不可忽视。通过比较，学生可以了解不一样的教育体系以及取其所长、补己所短，让自己接受的教育尽可能优化。

三、培养高中生的文化意识

核心素养对学生的文化意识和国际理解进行了深入和细致的要求，因此高中英语的教学要重视培养学生的文化意识。其不仅鼓励高中生学习、理解异国文化，还要培养高中生对异国文化去粗取精、批判性学习的意识和能力。

第一，高中英语教师要加强文化背景知识的传授。在高中英语课堂教学中，教师要重视文化导入的作用，将交际文化列为首要地位。英语语言中的文化背景知识对于增强学生的跨文化交际能力和交际意识具有至关重要的作用。有学者曾经指出，文化背景知识与语言知识一样重要，甚至更胜一筹。二者相辅相成，共同致力于学生英语综合能力的提高。教师在教学过程中要多为学生介绍英语国家的文化背景知识，正如我国学者田德新所言："读者往往很难理解对其内容一无所知的篇章或者与他们的实际经验不相关的篇章。"所以向学生传授英美国家的风俗习惯、人文历史、饮食习惯等文化背景知识十分重要。

同时，为了满足考试的需要，教师也要在练习中渗透文化的差异。比如，对于完形填空和阅读部分，学生总是容易以汉语的思维去理解，带有主观色彩去选择，而忽略了英语思维下的背景选择。再比如，听力部分，它的文化功能和社交功能相当强大，很多学生在听力部分纠结，猜不透对话里涉及的人是怎样想的，导致偏听或错听。这些题目的失分归根到底是对中西方文化差异性的了解不到位。因此教师在讲解题目的过程中，要适当地融入一些对西方文化背景的介绍和对中西方文化差异的对比分析。

第二，教师可以采用文化对比教学策略，通过对比，教师可以帮助学生找到异国文化值得吸取、值得借鉴的地方，为学生找到学习异国文化的方向。在高中英语课堂的教学中，对比中西方文化的差异应该是教学的重中之重。在教学过程中，英语教师不仅要适当解释词汇的文化背景，还要将其与母语进行必要的比较，从而促使学生系统地掌握两种文化之间的差异，进而使其与他人进行跨文化交流。

比如，以人教版高中英语教材为例，在带领学生学习"Festivals Around the World"与"Cultural Relics"的内容时，教师可以使用文化对比教学策略和项目化教学方式。教师先将全班学生分为若干个小组，然后为他们确定相关的研究项目。比如，对不同国家、不同节日庆祝方式的对比分析，美国的圣诞节与中国的春节之间的对比，当下引入中国的外国节日有哪些。最后，教师要引导各组学生通过上网查询、集体讨论、社会调研等方式完成这些项目。在完成这些项目的过程中，学生可以全面地了解中西方文化的差异。当然，在现实生活中，我们可以看到，许多国人，尤其是年轻人偏好过“洋节”，而对我国传统的节日如端午节、重阳节等没有应有的重视。所以实施这种中外节日对比项目研究，可以把重点转向让学生发现我国传统节日的魅力。在完成项目之后，各组成员要将自己收集到的资料做成文本在全班学生面前展示，并由教师加以总结性的评价，告诉学生每个国家的节日都是为了保护民族文化，弘扬民族精神。对于外来节日，学生要保持清醒的头脑理性地对待，既不能全盘否定外国节日，也不能盲目崇拜外来文化。这样的教学方式能够促进学生多元文化意识的发展，为他们创造广阔的思考空间，更能贯彻国际文化理解这一核心素养。

第三，教师可以组织学生欣赏优秀英语电影来渗透文化的教育。英语电影涵盖了西方国家社会生活的方方面面，可以如实地反映异域的人们如何生活、学习和工作。因此，优秀英文电影可以成为学生了解异国文化的良好媒介。同时，优秀英语电影声像并茂，不仅可以高效调动学生的学习热情，而且能够为英语教学创设地道的语言情境，可以让学生从听力、语法、语音、词汇等方面大为受益。教师可以有选择性地组织学生观看优秀英语电影，以此来促使学生了解异国的风土人情。

比如，笔者曾经组织学生观看英文原声电影《疯狂动物城》，这部电影渗透了多重的思想内容和情感，反映的事物带有异国的文化色彩和社会色彩。各个年龄段的人看到后会产生各种不同的感受。在学生欣赏完影片之后，笔者不仅帮助学生总结了电影中的生词和新型句式，还介绍了迪士尼影业的相关资料并且推荐了它出品的其他优秀电影，然后鼓励学生深入探讨电影内容，感受欧美电影的特色，并与我国的电影进行对比，分析欧美电影值得我们学习和借鉴的地方。这样的方式不仅可以增加学生的英语词汇量，促进学生在观影过程中学习英语，还可以事半功倍地培养学生的文化意识，促使学生了解异国文化并通过分析增强对异国文化去粗取精的意识，让学生在轻松、愉悦的氛围中学习文化和知识。这比教师单调地讲解课文和语言点更能引起学生的共鸣。欣赏英文电影来学习文化和知识的教学方式受到了学生的一致欢迎。

第三节　严格遵守发展性原则

一、发展性原则概述

早在20世纪30年代，维果茨基就强调，只有当教学走在发展前面的时候，才是最好的教学。为此他提出了广为人知的“最近发展区”的概念，并且指出教学促进发展的实质就在于教学把那些正在或将要成熟的能力推向前进。同时，其他学者也尝试建立了旨在发展学生理论思维与创造性个性的现代发展性教学模式。

近年来，我国学者从不同的研究角度对发展性教学提出了各种看法。虽然看法多种多样，但是究其根本，共同之处都是对学生发展的认识越来越具有人本主义的色彩，关注点都在于学生发展的自主性、主动性，提倡尊重学生的个性差异，以此促进学生的个性发展。

因此，发展性教学是以学生为主体，通过学生主动学习促进主体性发展的一种教学思想和教学方式，构成发展性教学的四大要素是主动参与、合作学习、尊重差异以及体验成功。

二、教学中发展性原则的迫切需求

首先，现代教育理论对人的发展问题的基本认识逐渐成熟，发展性原则应用于教学中已经成了教育领域的大趋势。近年来，现代教育理论的内涵在学生的发展问题上有着基本的共识。许多学校和教师都能够自觉地将发展学生的自主性和主动性放在突出地位，强调激发学生内在的学习兴趣和学习动机，使学生自主参与完成知识的内化过程。在许多教育相关的学术论文中，教师们都明确表达了注重学生发展的个性和差异性，重视开发学生个性潜能、发展学生创造性的教育理念。教育领域的论坛、讲座等集体性调研活动也都曾围绕教学发展性原则展开讨论，表达了从人的自身发展和社会发展两个方面的实际需求出发，重视学生合作交往等社会能力的培养这样的理念。这些现状让我们清楚地看到，目前教育领域对发展性原则的理解较为透彻，对教学中发展性原则的需求也变得十分迫切。

其次，现代教学理论的发展提倡对传统课堂教学模式进行改革。而课堂教学改革的落脚点是要提高学生终身学习的能力，即学生发展性学力的培养上。学生发展性学力的培养与提高，是我们课堂教学中需要不断研究与深化的重要课题。其中，对学生实施发展性评价和坚持发展性教学原则是课堂教学改革的两个主要方向。发展性评价与传统意义上的评价有着本质差异，英语教学中实施发展性评价，前提必须是构建在评价双方相互信任的基础之上。因而，它更关注的是学生学习英语的潜力和能力以及英语学习过程的体验。而发展性原则则是教师在课堂教学中应遵循并在不断总结经验和反思中完善的。以发展性评价和发展性的教学原则来指导英语教学，其根本意义在于激发学生潜在的学习能力，使学生达到调整学习方向、优化英语学习策略的目的。

最后，我们所倡导的核心素养理念，是从以人为本的思想出发的，重点是培养学生包括打造文化基础和自主发展在内的综合能力。这与教学的发展性原则的目的是一致的，因此发展性原则运用于教学中也是落实核心素养的重要方面。

三、在高中英语教学中严格遵循发展性原则

（一）高中英语课堂运用发展性评价

学生学习的发展性评价以学生的主体性发展为根本指向，旨在确认学生的学习潜力，发展学生的学习能力。心理学家威廉·詹姆斯认为，人性最深层的需求就是渴望别人欣赏和赞美。如果一个人的优点、进步、成就得不到及时的赞美和恰如其分的评价，久而久之，他就会丧失自信。因而，对学生在英语学习的过程中所表现出的情感、态度、能力和学习策略，掌握基础知识等学习内容的水平及表现出的发展潜能等进行全面综合性的评价，其根本目的在于激励和引导，使学生充满自信。教师在教学中运用发展性评价可以参考如下策略。

（1）发展性评价关注的是学生发展的需求和学生在学习过程中的体验。如果学生在学习过程中表现认真、踊跃，而结果出现了疏漏或者错误，教师也应该给予表扬和支持，要给足“过程得分”。教师要从长远的角度评价学生学习的过程，如哪些优点要继续发扬，哪些弊病须立即改正。通过这样的学习评价，学生可以及时纠正自己在学习过程中的缺点，扬长避短，促进自身的不断发展。

（2）发展性评价是评价者和评价对象彼此建立互相信任的过程。比如，对于课程教学的评价，教师可以采取“师生互评”的手段，将双方置于同等的位置上，互相评价、提出意见。教师可以提出对学生的建议，学生也可以发展对教师的建议和对课堂的思考。

（3）发展性评价也是一种注意学生内在价值的评价。比如，在英语学习的过程中，教师对学生的评价不应仅仅停留在成绩单的层面上，

还可以加入动手能力、思维能力、参与度等评价项目，力求将学生的内在价值反馈到评价中。这种评价方式，可使学生通过内心的体验调整自己的学习方向和目标，从而更加高效地投入英语学习活动中。

（二）英语学习过程中的发展性原则

（1）英语教学要面向全体学生，为学生终身发展奠定共同的基础。首先，面向全体学生要求教师在教学过程中不偏不倚，照顾到每一位学生。比如，有些教师在课堂提问时总是集中于某几位学生，这些学生要么成绩优异，要么踊跃配合，而其他学生则没有得到适当的回答提问的锻炼，这样就不符合发展性原则的要求。其次，帮助学生打好共同基础，教师一要从自身入手，充实自身的专业素养，以过硬的专业知识接受教学过程中的种种挑战；二要提升自己的职业素养，增强教学的能力，以更加专业的职业能力为英语教学建设做出贡献。最后，要在教学中满足不同学生的需求。比如，同等重视、了解每一位学生，熟悉教法，使学生和教法相匹配；根据学情来调整教学程序，灵活安排教学的环节并不断在教学中调整、改进，既发展学生的个性，又要强调学生对于高中英语课程的适应性。

（2）关注学生的情感，营造宽松、民主、和谐的教学氛围。发展性原则要求教师关注学生所关心的话题，以此激发学生的主动性。教师还要以宽容的态度对待学生的错误，以灵活、机智的方法纠正学生的错误，做到既不打消学生的积极性，又保护学生的个性。

（3）教师要加强对学生学习策略的指导，帮助他们形成自主学习的能力，这也是发展性原则中最为重要的一点。比如，教师可以将英语学习的策略细化，针对词汇学习策略、语法学习策略、听力理解策略、口语学习策略等多种英语常用学习策略进行分类汇总，引导学生掌握语言学习的基本策略。在这种策略的引导学习中，教师向学生引介学习方法，帮助学生找到适合自己的学习途径，进而发展学生自主学习的能力。

发展性教学原则的保障作用和发展性评价的补充作用，加大了教师和学生双方对发展综合能力的重视程度，使学生的个性得到保护，让每一位学生都得到量身定制般的发展。

第四节　核心素养背景下教学建议的实际应用

本节以人教版高中英语必修二的Unit 1“Cultural relics”这一课的阅读部分内容为例，分析在教学中融入情感和发展性原则以及对异国文化去粗取精的认识。

一、教学目标

（一）知识目标

让学生了解琥珀屋的相关历史，并熟悉本课的重点词组和句型。

（二）能力目标

提高学生的阅读能力，形成快速获取信息和处理信息的能力。

（三）情感态度目标

通过自主学习和合作学习，培养学生热爱文化遗产、保护文化遗产、尊重人民智慧的意识。

二、教学过程部分内容

Step 1：Lead-in.（3分钟）

使用多媒体展示四幅图片并请学生猜出汉语名称，这四幅图的内容分别是：the Great Pyramid in Egypt；the Great Wall in China；the Forbidden City in China；Stonehenge in England。

设计说明：使用多媒体播放图片，形象、直观、生动，能吸引学生的注意力，激发学生的兴趣。同时，能对学生的课前预习有所了解。注意力和兴趣的激发是将情感融入教学的奠基阶段。

Step 2：Careful Reading.（18分钟）

在听完Paragraph Two之后，请第一组学生回答下列问题。

Q1: Was the Amber Room made to be a gift?

Q2: Why did the King of Prussia give the Amber Room to the Czar of Russia?

设计说明：创设问题情境有利于培养学生的自主学习能力和探究能力。教师恰如其分地把握学生的知识、能力、情感储备，能创设出适合学生思考的问题。这两个问题要求学生与同伴讨论，然后请他们踊跃回答，使学生在小组合作和交流中，开拓思维和培养创新能力。情境的创设是情感教学萌芽的基础，同时，自主学习能力和探究能力的培养是发展性教学的重要内容。

回答Paragraph Five的两个问题。

Q1: Who rebuilt the Amber Room?

Q2: How was a new Amber Room built?

以上问题的设置立足于课文内容，但又不局限于课文，引导学生学习新知识时能配合其中的趣味性和导向性，培养学生的问题意识，激发其探究动机，使其产生明确而强烈的学习期待心理，从而促使学生学习的热情有增无减。同时，教师指导学生在阅读文章时应注意欣赏文章中的优美语句，在日后的写作中可以借用。

Step 3：Appreciate the picture of cultural relics.（2分钟）

学生在一系列的读写练习之后，教师用多媒体播放一些国家级文物的图片。多媒体展示的秦朝兵马俑、商代四羊方尊、隋朝镶金边白玉杯等让学生赞叹不已。笔者从学生好奇又兴奋的神情中读懂了他们热爱这些文物和参与保护文物的热情。

设计说明：文物展示可以激发学生热爱文物、保护文物的热情，同时可以让学生头脑得到暂时的放松，还可以充实课堂内容，培养学生对本国文化的热爱，增强其文化意识。

Step 4：Watch some photos.（6分钟）

多媒体播放外国友人在长城捡垃圾的四张图片，引出Group Discussion：Is it worth rebuilding cultural relics such as the Old Summer Palace in Beijing？How to treat foreign culture？将学生分成两组，正反方辩论。

设计说明：闻名世界的万里长城的保护现状不容乐观，有些长城砖被损坏甚至遗失，长城上常有游客随意抛弃垃圾，图片上显示的口号"Take nothing but photos，leave nothing but footprints！（除了带走照片，其他的别带走，除了留下脚印，其他的别留下！）"不仅道出了所有爱护文物者的心声，这也是每个游客必须遵守的行为准则。活动的目的是通过小组讨论，要求学生能熟练运用以下句型：I think/ don't think that ... / As far as I'm concerned / In my opinion/view ... 同时，对异国文化形成正确的认识和观念。

这一活动，能训练学生的语言组织能力和思维能力，同时能引发学生对异国文化和本国传统文化的思考，形成正确、积极的文化意识，还能够创新课堂的形式，丰富课堂内容，活跃课堂气氛，调动学生的积极性。另外，这一活动是将情感融入课堂、对异国文化去粗取精以及遵守教学发展性原则的有力表现。

第六章 6

高中英语必修一 Unit 1—3教学设计案例

第一节　Module 1 Unit 1　Friendship

Period 1　Warming Up and Speaking

Ⅰ Knowledge aims

1. Help the students learn the following words and phrases：survey / add / upset / ignore / calm / concern / cheat / add up / calm down / have gotten to / be concerned about / walk the dog.

2. Talk about friends and discuss friendship with partners in English.

Ⅱ Ability aims

1. Help the students to describe their friends in English.

2. Find the ways to solve problem.

Ⅲ Emotional aims

1. Help the students to learn something about making friends.

2. Guide the students to form the good habit of learning English.

Ⅳ Teaching important points

1. Help the students to use the words and sentence patterns to describe their friends.

2. Learn to evaluate friends.

Ⅴ Teaching difficult points

1. Talk about friends and discuss friendship in English.

2. Write about friends after class.

Ⅵ Teaching methods

1. Task-based teaching and learning.

2. Group-work.

3. Discussion.

Ⅶ Teaching procedure

Step 1: Lead-in.

The teacher talks about her own friends to arouse the students' interests.

Step 2: Warming up.

Task 1: Talk about your friends with the following words and sentences.

1. My best friend is a ________. (boy /girl/dog...)

2. He/She likes ________. (watching TV /playing basketball/ reading books/listening to music/singing songs/surfing the Internet/playing games...)

3. He/She dislikes ________. (running/ studying /doing housework / washing clothes...)

4. He/She is a ________, ________, and ________. (gentle/kind/ friendly/humorous/hardworking/brave/lazy/cute/outgoing/easygoing/smart/ helpful/ thoughtful ...)

5. —Where is he /she now?

—He /She is ________ now.

Task 2: List some qualities of a good friend (in groups of six).

What qualities should a good friend have?

（Brainstorming）

S:（1）I think a good friend should be ...

（2）In my opinion, a good friend is ...

Task 3：Do the survey in the textbook.

Question 1 is about how thoughtful you are towards others.

Question 2 is concerned with fairness.

Question 3 deals with your concern for others.

Question 4 is about responsibility to friends.

Let the students score their survey according to the exaluation criteria on page 8.

4—7 points: You are not a good friend. You neglect your friend's needs.

8—12 points: You are a good friend. But sometimes you do not show enough concern for your friend's needs and feeling.

13+ points: You are a great friend. You also need to balance your needs and friend's needs.

Task 4: Discussion.

Get all the students into some groups, and discuss the following question in groups of six.

Why do we need friends? Make a list of the reasons and share your opinions.

The possible answers:

1. Share our worries, happiness and secrets in our inner world.

2. To deal with stressful situation in life.

3. Do something together, so that we are not lonely.

4. Help each other.

If you quarreled with your friend, what would you do?

（1）Firstly, I could calm down.

（2）If I made mistakes, I would apologize to my friend.

（3）If my friend made mistakes, I would talk to him/her.

Task 5: Share the sentences.

1. A friend in need is a friend indeed.

2. Friends are like wine; the older, the better.

Homework:

1. Consolidate the new words and phrases.

2. Write a short passage about your friend.

Period 2　Reading

Ⅰ 教学内容

阅读部分承载着整个单元中最重要的语言和文化信息，也是教师在整个教学过程中需要重点处理的部分。文章的标题是“安妮最好的朋友”，文章讲述了有个名叫安妮的女孩为躲避他人的迫害而藏身于小阁楼中，并把日记当作自己的朋友，通过写日记来表达自己孤独和郁闷的心情。在日记中她描述了自己对外面世界和大自然的渴望，以及由于自己的特殊身份而不能充分享受大自然赋予的一切。通过阅读这篇课文，学生不仅要进行阅读技能的训练，学习一些新词汇和短语的表达方法，还要在阅读的过程中学习并欣赏英语语言的美感，感受主人公乐观自信的人生态度和纯洁美丽的心灵。

Ⅱ 教学目标

【知识与技能目标】

1. 让学生在语境中学习并掌握文章中的词汇和短语。

2. 培养学生的阅读技能，学会欣赏文学作品。

【过程与方法目标】

1. 通过游戏、视频展示的方式导课，达到使学生感受到在生活中朋友的重要性的目标。

2. 通过快速阅读、精读，达到提高学生阅读能力的目标。

3. 通过讨论、师生互换角色环节，达到提高学生口语能力的目标。

【情感态度与价值观目标】

1. 让学生了解第二次世界大战中德国对犹太人的迫害以及犹太人的悲惨命运。

2. 让学生通过阅读了解第二次世界大战中的犹太少女安妮的所思所想，用心感受安妮处于恶劣的生活环境之下渴望友谊、渴望朋友、渴望大自然、渴望自由的心境，从而更加热爱友谊、自由。

Ⅲ 教学重、难点

1. Learn new words & expressions in Unit 1.

2. Talk about friends and friendship: What do you think a good friend should be like?

3. Understand why Anne made her diary the only true friend?

4. How would you describe Anne's feelings while she was looking out into the night sky?

5. Learn the basic methods of reading.

6. The use of some important words, phrases and sentence patterns.

7. How to teach the students to master the usage of the sentence patterns.

8. The transition between direct speech and indirect speech.

Ⅳ 学习者特征分析

高中一年级的学生已经在初中阶段的英语学习中积累了一定的词汇量，并掌握了一些简单的学习策略和技巧，具有初步的英语听、说、读、写能力。他们对老师的期望也大大提高，不仅希望老师传授科学文化知识，更期望从老师那里获得更多的学习策略与技巧，分享人生经验。刚刚升入高中的学生，大家相互之间还不是很熟识，需要了解、沟通，友谊是他们生活当中必不可少的，他们每个人对友谊的认识不同，见解不一。因此他们对于友谊这一话题是特别感兴趣的，大部分学生有比较明确的学习目标和较强的动力，对该课程保持较高的学习积极性。但是，阅读这样一篇英文原著还是有难度的，因此教师要估计学生在理解上存在的困难，并采用适当的方法引导、帮助学生理解文章。

Ⅴ 教学过程

Step 1：多媒体展示快速阅读问题。

1. What's the main idea of the whole passage?

2. How many parts does the passage consist of?

3. What is the topic sentence of each part?

Step 2：多媒体展示细节问题。

文章共有两个部分：A：社会背景，B：安妮的日记。

A：由于社会背景这部分内容相对简单，所以采取学生互动式学习。针对该部分内容设计若干不同类型的问题，按照由易到难的顺序排列。

a. 关于Who，When，Where，Why等问题。

b. 判断对错题。

c. 翻译。

d. 单项选择题。

e. 连线题。

B：安妮的日记这部分，语言特别优美，但是学生在理解上有一定困难，学生应该跟老师学学习方法，提高阅读速度和阅读技巧，以及查找、分析、处理信息的能力。

教师选出文章中几个典型的句子，和学生一起分析、理解文中语言，让学生感受到安妮当时的情感。针对文章细节问题逐个分析，学生通过完成这些环节再次阅读课文，从而掌握文章当中理解的难点，体会课文内某些具体的表达方法，达到熟悉课文内容并简单表达自己观点的目的。

Ⅵ 教学评价设计

结合本篇文章，谈论友情的重要性及什么是真正的友情。

该部分属于语言知识输出部分的任务，学生通过该任务达到基本掌握语言表达的效果，是学生思维再创造语言的一个不可缺少的环节，并且实现了本节课的感情升华，激发同学们珍惜友情、热爱自由的情感。

Ⅶ 板书设计

Friendship

Step 1: Fast reading.

Step 2: Phrases and sentence patterns.

It is ... that ...（强调句型）

It is because ... that ...

This/it is/was the first time that ... have/had done

It is no pleasure doing ...

Period 3 New Words and Expressions

Ⅰ Learning objectives

After this lesson，students will be able to：

Learn the usages of the key words and expressions：upset / concern / settle / suffer / disagree / add up / go through / on purpose / get along with / in order to.

Through deductive induction，students can correctly use the key words and expressions in combination with the real context.

Ⅱ Learning important points

How to make students better grasp the usages of the key words and expressions: upset / concern / settle / suffer / disagree / add up / go through / on purpose / get along with / in order to.

Ⅲ Learning difficult points

How to help students better use these words in writing:

Ⅳ Learning methods

Deductive learning method &Task-based learning method.

Ⅴ Teaching procedure

Step 1：Finding out the key words and expressions.（班级筛选，挑出重点）

Step 2：Student presentation and class questioning.（学生展示，全班质疑）

1. upset *adj*. 心烦意乱的，不安的；不适的　*vt*. 使心烦意乱，使生气（upset，upset）

翻译：

（1）Our arrangements for the weekend were upset by her visit.

____

（2）Don't upset yourself — no harm has been done.

____

be upset by ... 被……打乱；upset oneself about sth. 为某事烦恼

2. concern *v*. 担忧；涉及；关系到　*n*. 担心；关注；（利害）关系

as / so far as ... be concerned 关于；至于；就……而言

be concerned about关心；be concerned at / over sth.为某事忧虑

be concerned in sth. 牵涉；与……有关；参与

用concern的适当形式填空：

（1）There is an article that ________ the rise of the prices.

（2）The children are rather ________ about their mother's health.

3. settle *vt.* 安家；定居；停留　*vt.* 使定居；安家；解决

settle down 镇定下来；settle in 在……定居

翻译：

（1）都十一点了，她还不能安下心来工作。

____

（2）题目这么难，谁能解决？

____

4. suffer *vt.* & *vi.* 遭受；忍受；经历

suffer from/with/for sth. 感到疼痛、不适、悲伤等；受苦；吃苦头

翻译：

（1）Do you suffer from headaches?

____

（2）She's suffering a loss of memory.

____

5. disagree *vi.* 不同意

disagree with sb. /what sb. says/sb.'s decision 不同意某人的观点

翻译：

（1）Even friends sometimes disagree with each other.

____

（2）We disagreed on future plans.

____

6. add up 加起来

add（...）to...（把……）加入……中；add up to... 加起来是……

翻译：

（1）Add up your scores and see how many points you can get.

____

（2）Tom, what do ten, twenty and five add up to?

____

用add的适当形式或构成的词组填空：

（1）Will you ________ some more students to this project?

（2）Small numbers ________ a large one.

（3）50 ________ 50 equals 100.

7. go through 经历；经受　　go after 追求；追赶

go ahead 前进；请说（做）吧　　go by 走过，（时间）过去

go in for 爱好；从事　　go out 外出；（灯、火）熄灭

go over 越过；复习　　go up 爬上；（价格等）上升

用go 构成的词组填空：

（1）It is wise not to ________ with this plan.

（2）Prices ________ a little now. People are happy.

（3）Anyway, don't always________ at night by yourself.

8. on purpose 故意；有目的地

do sth. on purpose 故意做某事

on purpose 故意地；有企图、有目的地

用purpose的相关词汇填空：

（1）He didn't do it ________.

（2）What was your ________?

9. get along with 与某人相处；（工作的）进展

get along/on well/ nicely/ badly with ... 与……相处得好/不好；进展顺利/不顺利

get away 离开；逃离

get down 下来；写下

get down to（doing）开始认真干……

get over 克服；摆脱

get through 通过；做完

get together 聚集

翻译：

（1）你现在和同事相处得好不好？

____

（2）她已重新获得从前那份工作。

____

10. in order to ... 为了……（可置于句首或句中）

翻译：

（1）She arrived early in order to get a good seat.

____

（2）I agreed to her suggestion in order not to upset her.

____

（3）他早早动身好按时到达。

____

（4）她拼命干以便能到6点时把一切都准备好。

____

Step 3：Teacher's timely guidance.（例句呈现，精讲点拨）

1. Our arrangements for the weekend were upset by her visit.

2. The children are rather concerned about their mother's health.

3. How do you settle this problem?

4. The country went through many wars.

5. I come here on purpose to see you.

6. He is suffering from a headache.

7. How are you getting along with your English studies?

8. He kept silent in order not to lose his job.

Step 4：Test in class.（当堂检测，总结回顾）

1. I was a ________（青少年）sitting in the hall. Before you came over，I never realized what a beautiful place I lived in.

2. Hannah was very ________（不安的）. She couldn't understand why some people had to live their lives without shelter or enough food.

3. If you like dancing ________（户外）, come to America.

4. Tanis wrote this letter in order to show how ________（感激的）she was to the center.

5. He arrived at his hometown, tired and ________(dust), on Sunday night.

6. At the beginning of the project, Paul made it clear that he would be ________(entire) in control.

7. What makes me ________(concern) is my final exam which will be held in two weeks.

8. Although I worked there for over a year, I never really felt ________(settle).

9. At last the economy is showing signs of ________(recover).

10. ________(exact) speaking, there are three measures which can be taken to settle this problem.

Step 5：Homework.（课后拓展，巩固提升）

单句改错（每句仅1处错误）：

1. I wasn't doing anything on the purpose to make myself better.

2. I went to live there in order to being near him.

3. Since we all live in one room, we should learn how to get along good with one another.

4. His carelessness made our company suffer from great loss.

5. He was concerning about what he said.

Ⅵ Blackboard design

be concerned about.

go through.

in order to.

get along with.

suffer.

Period 4 Grammar（Direct Speech and Indirect Speech）

This is the fourth teaching period of this unit. To test whether the students have grasped the important and difficult language points they learned in the last period, the teacher should first offer them some revision exercises.

This teaching period is a grammar lesson. The students are expected to make clear the differences between Direct Speech and Indirect Speech and grasp the main usages of them in this period. Students often feel grammar very abstract and boring, so it is necessary to make the class lively and interesting. Example sentences and grammar summary should be carefully designed so as to make it easy for students to understand and grasp.

Ⅰ Teaching important points

Summarize the rules of Direct Speech and Indirect Speech.

Ⅱ Teaching difficult points

Get the students to learn about the special cases in which the tenses shouldn't be changed.

Ⅲ Teaching methods

Discussing, summarizing and practicing.

Ⅳ Teaching aids

A projector and other necessary teaching tools.

Ⅴ Three-dimentional target

Knowledge aims：

Get the students to learn and grasp the rules of Direct Speech and Indirect Speech.

Ability aims：

Get the students to be able to use the rules to express their meanings and retell others' correctly.

Emotional aims：

1. Get the students not to be afraid of grammar learning.

2. Get the students to develop their sense of group cooperation.

Ⅵ Teaching process

1. 直接引语与间接引语的概念。

The teacher said to us， "We will have an English party tomorrow. "（直接引语）

→The teacher told us that we would have an English party the next day.（间接引语）

结论：引述某人的话一般采用两种形式，一种是原封不动地引用原话，把它放在引号内，叫直接引语；另一种是用自己的话加以转述，被转述的内容不放在引号内，而用宾语从句或复合宾语来表达，叫间接引语。

2. 直接引语和间接引语之间的转换规则。

（1）人称的变化。

The farmer said, "I am busy harvesting my cotton now."

→The farmer said that he was busy harvesting his cotton then.

①"一随主"，指在直接引语变间接引语时，如果从句中的主语是第一人称或被第一人称所修饰，从句中的人称要按照主句中主语的人称变化。

A foreigner asked the students, "Can adults study in a formal university in your country?"

→A foreigner asked the students if adults could study in a formal university in their country.

②"二随宾"，指直接引语变间接引语时，若从句中的主语及宾语是第二人称或被第二人称所修饰，从句中的人称要跟引号外的主句的宾语一致。如果引号外的主句没有宾语，也可以用第一人称。

③"第三人称不更新"，指直接引语变间接引语时，如果从句中的主语及宾语是第三人称或被第三人称所修饰，从句中的人称一般不需要变化。

An educator said, "They need to know something about his works."

→An educator said that they needed to know something about his works.

巧学助记：直接引语变间接引语人称变化口诀为"一随主，二随宾，第三人称不更新”。

（2）时态的变化。

直接引语变间接引语时，句子时态变化如表6-1所示。

表6–1　直接引语变间接引语时句子时态变化

直接引语	间接引语
一般现在时	一般过去时
现在进行时	过去进行时
一般将来时	过去将来时
一般过去时	过去完成时
现在完成时	过去完成时
过去完成时	过去完成时
现在完成进行时	过去完成进行时

E. g：

① She said, “I hope you are right. ”

→ She said that she hoped I was right.

② Tom said, “I’ ll call you later. ”

→Tom said that he would call me later.

③ He said, “I am having supper. ”

→He said that he was having supper.

④ The designer said, “We have begun our project. ”

→The designer said that they had begun their project.

⑤ He said, “I failed the exam. ”

→ He said that he had failed the exam.

⑥ Paul said “I had finished my homework before supper. ”

→ Paul said that he had finished his homework before supper.

（3）指示代词、时间状语、地点状语及方向性动词的变化，如表6-2所示。

表6-2　指示代词、时间状语、地点状语及方向性动词的变化

	直接引语	间接引语
指示代词	this	that
	these	those
时间状语	now	then
	today	that day
	tomorrow	the next (following) day
	next week/month/...	the next (following) week/month...
	yesterday	the day before
	last week/month/...	the week/month/... before
	three days/months/... ago	three days/month/...
	this week/month/...	that week/month...
地点	here	there
动词	come	go

E. g：

① He said, " I met Mr. Smith this morning. "

→ He said that he had met Mr. Smith that morning.

② Tom said, "We went to the cinema yesterday. "

→ Tom said that they had gone to the cinema the day before.

③ He said, "My sister was here three days ago. "

→ He said that his sister had been there three days before.

名师点津：以上这些变化要根据说话的实际情况来定，不要机械照搬。假如就在当地转述，here就不必改为there。如果在当天转述，yesterday，tomorrow等时间状语也不必改变。

（4）连接词的选择。

① 直接引语是陈述句，变为间接引语时，常变成由that引导的宾语从句。在口语中，that可以省略。

He said, “I was cooking when the earthquake happened. ”

→He said（that）he was cooking when the earthquake happened.

She said to me, “I came back an hour ago. ”

→She told me（that）she had come back an hour before.

② 直接引语是一般疑问句、选择疑问句或反义疑问句时，间接引语中用whether（... or ... 或... or not）或 if引导。

He said, “Are you interested in English?”

→He asked（me）if/whether I was interested in English.

③ 直接引语为特殊疑问句时，间接引语仍用原句中的特殊疑问词来引导，其余的变化遵照直接引语和间接引语之间的转换规则来进行。

“What’s your name?” he asked me.

→He asked me what my name was.

疑问句的直接引语变间接引语时，要把疑问语序变成陈述语序。

The mother asked, “What are the kids doing in the room now?”

→The mother asked what the kids were doing in the room then.

名师点津：当直接引语里是“What’s wrong with ...？/What’s the matter？/What’s the trouble？/What has happened？”等特殊疑问句时，间接引语语序不变。

（5）直接引语变间接引语时，主句谓语动词的变化。

① 直接引语是陈述句时，若变为间接引语，主句中的“said to sb”

常改为“told sb”。

The father said to his son, “Your friend asked you to give him a ring.”

→The father told his son that his friend had asked him to give him a ring.

② 直接引语是疑问句时，若变为间接引语，如果主句中谓语动词是said，则将其改为asked。

The girl said, “When shall we leave the hiding place?”

→The girl asked when they should leave the hiding place.

3. 难点突破。

直接引语变为间接引语时，时态不发生变化的情况如下。

（1）直接引语是客观真理、谚语和格言时。

“The earth moves around the sun and the moon moves around the earth, ”the teacher told me.

→The teacher told me the earth moves around the sun and that the moon moves around the earth.

（2）直接引语中有具体的过去某年、某月、某日作状语时。

Tom said, “I was born on April 21，1980. ”

→Tom said he was born on April 21，1980.

4. 课堂达标验收。

（1）变直接引语为间接引语，每空一词。

① He said, “My brother doesn’t want to go there. ”

He said ________________ brother ________ want to go there.

② He said to me, “Did you see him last night?”

He asked me whether I had seen him ________________________.

③ Mary said to me, “I’ll come again tomorrow. ”

Mary ________ me that ________ come again ________________.

④ “Can you swim, John?” he asked.

He asked John ____ swim.

⑤ “Will Peter play basketball?” I wanted to know.

I wanted to know ________ Peter ________________ basketball.

⑥ “Who has been to Beijing?” the teacher asked.

The teacher asked ________________________ been to Beijing.

⑦ “Come here, Tom,” Lucy asked Tom.

Lucy asked Tom ________________________________.

⑧ “The earth goes around the sun,” the scientist said.

The scientist said ________ the earth ________ around the sun.

（2）单句改错。

① Kitty said that she needs some fresh air.

② He said he bought a beautiful car the day ago.

③ The astronomer told us the moon moved around the earth.

④ The shop assistant asked me which one I will take.

⑤ He told us that he would give us an examination next day.

5. 回顾重点内容。

（1）直接引语与间接引语的概念。

（2）直接引语转换成间接引语的规则：①人称变化；②时态变化；③时间与地点词的变化；④引导词以及语序问题；⑤谓语动词变化。

（3）难点突破：不变化的情况。

Period 5 Writing

Reading and Writing

Step 1: Greetings and leading in.

Miss Wang has received a letter from Xiao Dong. He is also asking for some advice. Ask students to read the following letter carefully and help Miss Wang answer it.

Dear Miss Wang,

I'm a student from Huzhou Senior High school. I have a problem. I'm not very good at communicating with people. Although I try to talk to my classmates, I still find it hard to make good friends with them. So I feel quite lonely sometimes. I do want to change this situation. But I don't know how. I would be grateful if you could give me some advice.

Yours,

Xiao Dong

What is Xiao Dong's problem?

Xiao Dong isn't very good at communicating with other people. He feels lonely and wants to change this situation.

Step 2: Pre-writing.

How to change the situation.

What are your ideas? And why?

Ideas	Why
1. To ask people their likes and dislikes	1. To find classmates with the same interests
2. To join a discussion and show interest in other people's ideas	2. To get to know different people and let them see you are friendly
3. ...	3. ...

Step 3: Writing with an outline.

Para 1　Tell Xiao Dong that the situation is easy to change if he would like to take your advice.

Para 2　Talk to people standing on one's own.

Para 3　Talk about their likes and dislikes.

Para 4　Join a discussion.

Step 4: Writing with useful information.

Connecting words:

Illustration（阐述）	I think... / I believe ... I suggest ... / In my opinion
Addition（递进）	Secondly ... / And then ... / Besides ... / In addition ...
Contrast（转折）	But ... / However ... / On the other hand ...
Summary（总结）	In short ... / In a word ... / Therefore .. / So...

Step 5: Assignment.

Write the passage.

Step 6: Sample writing.

Dear Xiao Dong,

I'm sorry you are having trouble in making friends. However, the situation is easy to change if you take my advice. Here are some tips to help you.

Firstly, why not go and talk to people standing on their own? I agree that this is difficult but that person may be lonely, too. If you do this, I am sure you will soon have a new friend.

Secondly, you can begin the conversation by asking about their likes and dislikes. In that way you will soon find people with the same interests. I think that is a good way to find new friends.

Thirdly, it would be a good idea if you try to join a discussion. You may not feel that this is right, but by doing this you will let people know how friendly you are. So there should be no problem. It should be certainly helpful for you to make some new friends.

I hope you find these ideas useful.

Yours,

Miss Wang

第二节　Module 1 Unit 2　English around the world

Period 1　Warming Up and Pre-reading

Ⅰ Warming up

第一步，合上书本，要求学生说出对英语有多少了解（How much do you know about the English language？）。让学生自由回答（It is the official language of many countries and the UN；It is learned by people in many non-English speaking countries；etc. Answers may vary.）。

第二步，向学生介绍世界上两种主要的英语：VOA（Voice of America）英语和BBC（British Broadcasting Corporation）英语，如有足够的资料，可以播放两段录音，让学生比较这两种英语在语音上的区别，例如hot，not，dance，answer 等。

第三步，引入英式英语和美式英语在词汇上的区别，除了课本里提到的例子，向学生提供更多英式英语的单词让学生说出相对应的美式英语单词。例如film，autumn，rubber，tyre，theatre，colour （movie，fall，eraser，tire，theater，color）等。

Ⅱ Pre-reading

第一步，让学生说出他们知道的说英文的国家或地区名（How many English-speaking countries can you think of？），老师可以适当补充一些学生不太熟悉的国家名字，例如 Jamaica，Philippines，Pakistan，Bangladesh，New Zealand，parts of sub-Sahara等。

第二步，学生分组讨论：Do you know the reasons why English is spoken by so many people in so many different countries? 适当给学生一些提示词语，例如，trade，tourism，Internet website，official language of UN，entertainment等。

第三步，讨论完毕后，让个别学生用自己的话回答问题。

第四步，总结学生的发言，给学生一个比较全面的参考答案。

1. Trade and tourism from Western Europe and North America has contributed to the spread of English. China is now one of the world's most popular tourist destinations.

2. English is the language that dominates international Internet websites and provides nearly all of the new computer technology.

3. English is one of the official languages of the Olympic Games and the United Nations. The UN also has its headquarters in New York City.

4. Satellite TV, radio programme like Joy FM, CDs and Hollywood films all broadcast English into China. Also, a number of Chinese films include English subtitles.

Ⅲ Workbook

第一步，向学生解释听力任务，让学生明确听力目的：Activity 1，听录音，写出与练习中英式英语词汇相对应的美式英语词汇；Activity 2，听录音，回答问题。

第二步，学生独立完成 Activity 1，并全班一起核对答案。再次对学生强调英式英文和美式英文在词汇上的区别，例如本题练习中出现的四组词语。

British English	American English
lift	elevator
pictures	photos
underground	subway
autumn	fall

第三步，在学生浏览 Activity 2 的问题后，播放录音，学生边听边记录有用信息点（视学生具体情况决定播放录音的次数）。

第四步，学生回答问题，全班核对答案。

第五步，向学生补充关于听力如何捕捉有用信息的技巧，帮助学生改进听力方法。

在 Activity 2 里，要回答五个问题，学生必须在听前浏览问题，把握听力的重点应该放在哪些信息点上。例如，问题一“What TV programme is Zhao Li watching？”的重点词是TV programme，因此在听录音的过程中，学生如果对与TV programme 有关的信息加以注意，很容易就可以捕捉到答案应为 CCTV English Channel World Wide Watch。再如，问题四“How will listening to a good speaker of English help you？”的重点词应为 How，在听录音的过程中，学生应该对“如何帮助你学好英语”这个问题形成紧张感，从而留意到听力原文中的问题“Wouldn’t it be better to listen to a native speaker？”以及该问题的答案“Any good speaker of English can help your listening skill”。

Ⅳ Homework

熟悉本单元单词，预习 Reading。

Period 2 Reading & Comprehending

第一步，快速阅读Comprehending，Activity 1，学生快速阅读课文，找出完成这道习题所需的信息，学生互相对答案，之后老师给出正确答案。

第二步，精读课文，找出每个段落的主题句或者段落大意。

Paragraph 1: Today, more people speak English as their first, second or foreign language than ever before.

Paragraph 2: Native English speakers can understand each other even if they don't speak the same kind of English. However, they may not be able to understand everything.

Paragraph 3: All languages change when cultures communicate with one another.

Paragraph 4: English's position as world language is yet to be clearly understood or defined.

第三步，详细解释每个段落。

第一段：首先，让学生用已有的知识介绍自己对17—19世纪这段历史，特别是对英国及其殖民地扩张这段历史的了解；其次，老师可说明英语随着殖民地的扩张而向外传播，并适当补充相关的词汇（the expansion of the British Empire，the establishment of colonies in the New Continent，the spread of English，etc.）。

Beginning in the 17th century, and continuing well into the 19th century, the UK, which had long ago colonized Ireland and joined with Scotland, colonized much of the world：First in North America, the Caribbean, India, including what is now Pakistan and Bangladesh, Australia, New Zealand, parts of sub-Sahara, Africa, Singapore and the Pacific islands.

What's more, American colonial rulers also brought their kind of English to Hawaii, Puerto Rico, the Philippines and other Pacific islands in the late 19th century.

第二段：教师解释第二段提到的例子，复习上节课学习过的英式英语和美式英语的区别。

The biggest difference between British English and American English is not in spelling but in word usage. Different English-speaking cultures sometimes use the same words in different ways. For example，British English speakers prefer to say "I've got" whereas American English speakers simply say "I have". In response to something that was not fully understood，a British English speaker says "Pardon?" or "Sorry?". An American English speaker is more likely to say "What's that?""Say that again?""Say what?"or even "Come again?". All of these differences are a direct result of cultures separated both geographically and historically.

第三段：学生阅读本段文章，理解英语的历史和发展进程，教师补充更详尽的关于英语的历史和发展进程的知识以及对英语发展起着重要作用的人物，如Shakespeare，William Tyndale，Noah Webster，同时举例说明英语大量引用外来词来扩大词汇量（可参考背景资料）。

第四段：学生从本段找出英语目前在不同国家的地位，并预测英语未来的发展。

第四步，P10，Comprehending，Activity 2. 学生讨论并回答问题。

第五步，学习课文难点及重点词汇的用法。例如：

include:

Many students went to see the film, including me.

Many students went to see the film, me included.

play an important role/part in：

She played an active part in the local community.

He has played all kinds of roles in his life.

even if/ though:

He likes to help us even if he is busy.

Even though life was difficult for him, he refused to give up his dreams.

communicate with:

Do you find it difficult to communicate with your parents?

He is a shy boy who can’t communicate with other people very well.

be based on:

The book is based on a true story.

He based his hopes on the good news we had yesterday.

make use of:

How are you going to make use of your pocket money?

I really don’t know how to make full use of the time.

a large number of, the number of：

A large number of students are reading the book.

The number of students reading the book is large.

第六步，播放录音，学生小声跟读，注意语音语调。

Homework：

1. 朗读课文，复习课文的重点单词、句式和段落。

2. 完成 Learning About Language中的Activities 1，2，3。

Period 3　Learning About Language

Ⅰ Discovering useful words and expressions

第一步，Activity 1，学生复习左边8个单词，然后自行完成练习，全班一起核对答案.

第二步，Activity 2，用阅读课文中的词汇完成短文填空。

第三步，Activity 3，先复习课文出现的重点单词，学生自行完成，并可将其中的句子作为例句来学习。

第四步，Activity 4，先复习英式英文和美式英文的区别，包括词汇上（film / movie，autumn / fall，rubber / eraser，），语音上（hot，not，dance，answer）和用法上（I've go / I have）的区别，引出部分介词的用法也有不同，例如a quarter past five / a quarter after five，然后让学生完成，最后给出正确答案。

第五步，Activity 5，先播放录音让学生听明白三组对话的意思，然后按照题目要求把三组对话的重点词找出来，通过这三组对话让学生更加深刻感受到英式英语和美式英语在词汇上的差异。

British English	American English
sweet	candy
lorry	truck
autumn	fall

Ⅱ Workbook

第一步，先让学生复习并熟悉本单元的词汇，然后再做习题一并核对答案。

第二步，先和学生一起复习课本P49提供的单词和短语的用法，然后完成练习，让学生在句子中体会并熟悉这些单词和短语的用法。

(Discovering useful structures)

第一步，复习第一单元学习过的陈述句和疑问句直接引语的部分重点内容。

1. 直接引语是陈述句。

如果引用的句子原来是一个陈述句，变为间接引语时，在引语的开头用连词 that 来引导（在口语中 that 常省去），要注意从句中人称、时态、代词、状语等的相应变化。如：

"You are really my best friend, "Tom said to me.

→ Tom said that I was really his best friend.

"I will come here again tomorrow, "he said.

→ He said that he would go there again the next day.

He said, "The best seed-heads should be hung up to dry. "

→ He said that the best seed-heads should be hung up to dry.

2. 直接引语是疑问句。

（1）如果引用的句子原来是一个一般疑问句，变成间接引语时，须用从属连词 if 或 whether 来引导（不再用 that 作连词）。

（2）直接引语如果是特殊疑问句，变成间接引语时，原疑问句中的疑问词 who，whose，what，which，where，why，how 等就成了引导间接引语的连词。

（3）原直接引语中的疑问语序在间接引语中变为陈述语序。

（4）直接引语中的问号变成句号。

（5）人称、时态、状语等也相应变化。如：

He asked, "Is it raining now?"

→ He asked whether / if it was raining then.

The man asked me, "How old are you?"

→ The man asked me how old I was.

They asked him, “When do you harvest the wheat?”

→ They asked him when he harvested the wheat.

I asked the man, “Who are you?”

→ I asked the man who he was.

The teacher asked her, “Why did you come?”

→ The teacher wondered why she had come.

第二步，解释 command 和 request 两种句式及这两个词语的用法（give commands，make a request/ request that somebody should do），并让学生分辨这两种句式。

第三步，Activity 1，让学生阅读句子，学习如何将表示命令和请求的句子变成间接引语，然后让学生说出更多表示命令和请求的句子，并将它们变成间接引语。

第四步，Activity 2，先让学生比较表示命令和请求的句子在表达上有什么特点（commands are less polite while requests are polite）；然后让学生说出什么人经常下命令（上级、长辈、教师等），什么人经常发出请求（下级、晚辈、学生等）；最后是两人活动，一个学生给命令或发出请求，另一个学生将它们变成间接引语。

第五步，补充语法知识“如何将祈使句变为间接引语”。

转述祈使句的时候，要将祈使句的动词原形变为动词不定式并在动词不定式前根据句子的意思用 tell（命令），ask（请求），order（命令）等及物动词加宾语。如果祈使句为否定式，则在不定式前面加 not。例如：

He said to the girl, “Do it at once. ”

→ He ordered the girl to do it at once.

"Be quiet! "I told the children.

→ I told the children to be quiet.

He said to farmers, "Do things at the right time of the year. "

→ He told farmers to do things at the right time of the year.

"Don't grow plants in the same place year after year," the farmer said.

→The farmer told me not to grow plants in the same place year after year.

He said, "Don't talk! "

→ He told us not to talk.

注意：有些句子虽以疑问形式出现，但并非提出询问，而是表示请求、建议、劝告等意思。这种问句通常也采取"ask / advise + 宾语 + 不定式"结构来转为间接引语。如：

"Could you lend me a bike?"he said.

→ He asked me to lend him my bike.

"Would you mind waiting a moment?"

→ He asked me to wait a moment.

"Why don't you go there by plane?"

→ He advised me to go there by plane.

"What about having a walk?"

→ He suggested having a walk.

第六步，Activity 3，先让学生阅读3个给出的情景内容，然后进行两人活动，根据所给情景编写小对话，最后在课堂上表演对话。

Ⅲ Workbook（P50，Using structures）

第一步，分组活动，按照练习要求分成三个学生一组进行此项活动。

第二步，适当抽几组学生将他们的活动结果演示出来，不当的地方进行及时纠正。

第三步，让学生独自完成练习二，核对答案。

第四步，复习总结本单元的语法项目，并强调相关注意事项。

Ⅳ Workbook（P48，Talking）

第一步，和学生复习方框里面的习惯表达。

第二步，和学生一起阅读所给的情景，让学生自由选择情景进行对话练习。

第三步，学生编写对话。

第四步，学生表演对话。

Ⅴ Homework

1. 复习本课所学的词汇和语法。

2. 预习 Using Language 部分的STANDARD ENGLISH AND DIALECTS。

Period 4　Using Language

Ⅰ Reading：STANDARD ENGLISH AND DIALECTS

第一步，教师从英式英语和美式英语的区别引出本课的话题。

第二步，学生阅读文章，总结文章的大意。

第三步，细节学习。

Why does the US have so many dialects?

1. Because people have come from all over the world.

2. Geography also plays a part in making dialects.

第四步，学习文中的知识难点。

1. Believe it or not, there is no such a thing as standard English.

Believe it or not, dinosaurs died of hunger.

2. Geography also plays a part in making dialects.

Women play an important part in today's political life.

3. Although many Americans move a lot, they still recognize each other's dialects.

We can easily recognize Mark in the crowd because he is very tall and strong.

We all recognize him as the best football player in our school.

第五步，Activity 1，不同学生用家乡方言说出同一句话，体会不同地区的方言。

第六步，Activity 2，学生说出他们知道或者听过的方言。

第七步，Activity 3，学生讨论以下问题。

Why does the government encourage us to speak Mandarin?

第八步，个别学生发表意见（课后可让学生根据本活动要求说出或者编写一个有关方言的有趣小故事）。

Ⅱ Workbook（P51，Reading task：*The Oxford English Dictionary*）

第一步，向学生简单介绍有关牛津英语词典的历史。

How it began：

1857: The Philological Society of London calls for a new English dictionary.

More work than they thought:

1884: Five years into a proposed ten-year project，the editors reached an agreement.

One step at a time：

1884—1928: The dictionary is published in fascicles.

Keeping it current：

1933—1986: Supplements to the *OED*.

Making it modern：

1980s: The supplements are integrated with the *OED* to produce its Second Edition.

Into the electronic age：

1992：The first CD-ROM version of the *OED* is published.

The future has begun：

The present: The *OED* is now being fully revised, with new material published in parts online.

第二步，让学生快速阅读文章，找出练习所需要的信息。

第三步，全班核对答案，老师解释学生有疑问的句子。

1. The spelling of English has always been a problem but it was more of a problem in the days before a dictionary.

2. These men spent nearly all of their lives trying to collect words for their dictionaries. For them, it wasn't only a job; it was a wonderful journey.

3. It included more than 15,000 words in twelve books. And you thought your English dictionary was big!

第四步，分组快速讨论我们应该从James Murray 身上学习他的什么品质（hard working，intelligent，determined，etc.）。

第五步，播放录音让学生跟读，提醒学生注意语音语调和新单词的读音。

Ⅲ Homework

翻译：课本P49练习三。

Period 5 Listening , Reading and Speaking

Ⅰ Listening

第一步，复习 Reading 部分学习过的“All languages change when cultures communicate with one another”，指出语言是会发展变化的。

第二步，教师向学生介绍有关美国的地理位置、特点及其对语言的影响，特别是美国南方的口音是很明显的。提醒学生在后面的听力中认真体会美国南部的口音。

第三步，学生看图，猜测故事的内容。

第四步，学生阅读6个要求回答的问题，猜测本篇文章的内容。

第五步，学生听录音，在文中找出所需信息。

第六步，老师和学生一起核对答案。

第七步，学生重听录音，找出带有浓重美国南方口音表达，感受不同口音的英语。

Ⅱ Reading and speaking

第一步，学生阅读小对话，找出其中人物所用的不同词汇，教师在黑板上板书：

Amy（American）	Lady（British）
subway	underground
left	left-hand side
keep going straight	go straight on
two blocks	two streets
right	right-hand side

第二步，两人活动，仿照上述对话使用不同的词汇编写关于问路和指路的小对话，注意要同时使用直接引语和间接引语。

第三步，老师提供地图，学生编写对话，请几组学生表演对话。

Ⅲ Workbook

第一步，Activity 1，让学生先看地图，一起说出世界上讲英语的国家有哪些，让学生了解说英语的国家的分布情况。

第二步，Activity 2，假设我们是国际学校的一个班，学生都来自不同的说英语的国家，让学生用英语做自我介绍，可能的话，可以简单介绍不同国家的习俗风情。

第三步，Activity 3，听录音，两人一组合作，共同完成此项听力任务，找出听力原文中六个学生分别来自哪个国家。

Ⅳ Homework

复习本单元的话题内容：The English language and its development。

Period 6　Writing

Ⅰ Writing

第一步，Exercise 1，学生学习写作前 Brainstorm 所用的步骤。

第二步，Exercise 2，教师用更具体的例子“Why should we learn English？”让学生体会如何 Brainstorm。

第三步，让学生用 Exercise 1 和 Exercise 2 所学的步骤完成 Exercise 3。

第四步，用 Exercise 3 得出的结果完成 Exercise 4。

第五步，要求学生用所学的方法在课后完成 Exercise 5 所给出的写作任务。

Ⅱ Workbook（P52，Speaking task）

第一步，先让学生阅读整段文字，了解当今英语的传播方式和变化趋势。

第二步，小组讨论如何帮助英语初学者更好地学习英语。

Ⅲ Workbook（P53，Writing task）

第一步，让学生先在课堂上谈论他们在学习英语方面所遇到的困难和解决的方法。

第二步，让学生展望一下他们将如何用学到的英语知识去开创他们的未来。

第三步，让学生按照写作要求构思每个段落，将简要的写作思路和文章的框架写下来。

第四步，请一些学生说出他们是如何写这篇文章的，教师在课堂上进行讲评。

Ⅳ Homework

完成作文：How can learning English help China in the future?

第三节 Module 1 Unit 3 Travel journal

Period 1 Warming Up

Ⅰ Teaching aims

1. Knowledge and ability: To make the students practice using the Present Continuous.

2. Processes and methods: To help the students talk about travel and make a travel plan.

3. Emotions and attitudes: To make the students more interested in travelling and love our country.

4. Culture awareness: To help the students learn more about the rivers and mountains.

Ⅱ Teaching important points

1. To help the students talk about travel and make a travel plan.

2. To help the students know more about the trip along the river.

Ⅲ Teaching difficult points

1. To make the students practice using the Present Continuous.

2. Tense to express future actions.

Ⅳ Teaching aids

A multi-media courseware, blackboard, paper.

Ⅴ Teaching process

(Warming up)

Step 1: Teacher greets the whole class as usual: Good morning, everyone!

To show the friendly teacher-student relationship.

(Interaction between teacher and student)

Step 2: Teacher shows the title of the unit that the students need to learn directly on the PPT.

Then ask students a question:

How many famous rivers do you know in China?

(1) Make students know the topic of this lesson.

(2) Students have a brief understanding of this lesson.

(3) Ask students a question about river.

The question is related to the lesson.

Period 2 Reading

Ⅰ Teaching objectives

1. Knowledge and skills.

(1) Students learn words about rivers:

glacier, valley, bend, plain, meander.

(2) Students can master some reading skills: skimming, scanning, and careful reading.

2. Ability.

Students can use mind maps to understand the structure of the passage.

3. Emotion.

Students learn something about the Lancang River and try to love the river.

Ⅱ Key points and difficulties

1. Students use mind maps to understand the structure of the passage.

2. Students master some reading skills: skimming, scanning, and careful reading.

Ⅲ Teaching aids

Blackboard, multi-media devices and PPT documents.

Ⅳ Teaching procedures

Step 1: Warming up and lead-in.

Activity 1: Greetings.

T: How are you? I'm Miss Lan, what is your name? /Could you tell me your name?

(Students say their names to the teacher.)

T: I'm very happy to see you, how about you?

S: I'm very happy to see you, too.

T: I come from Yunnan province, where are you from?

(Students say their hometowns to the teacher.)

T: Do you like your hometown?

S: Yes!

T: I like my home town very much, because there is a beautiful river in my hometown, I like rivers very much. Do you like rivers?

S: Yes.

T: What rivers do you know?

(Students tell some names of the rivers they know.)

T: Oh, I went along one of the rivers you said, do you believe?

S: Yes. / No.

T: Yes? So I can show some photos I took. / No? I took some photos of the river! Do you want to have a look? But after that, you need to guess which river it is, OK?

Activity 2: Picture-talking.

T: Can you guess the name of the river?

S: The Mekong River.

T: Yes, you are clever! As we can see, almost half of the river is in China, right? We are so lucky to have such a beautiful river in our country, so I think it's our duty to protect the river, and we can't pollute the river, do you think so?

S: Yes!

T: OK, so now let's read a passage about the river, OK?

Step 2: Pre-reading.

T: Please look at the map in the text book and find out some details.

(Students say the names of the countries.)

Activity: Predicting.

T: Very good! Now please read the title and subtitle of the passage and predict the main idea of the passage.

(Students say the title of the passage.)

T: Good. So the passage is about the plan along the Mekong River, right?

S: Yes.

（If the students cannot give the answer，then teacher explain it.）

Step 3: While-reading.

Activity 1: Skimming.

Students skim the whole passage and find out the main idea of each paragraph.

Keys:

Paragraph 1: Wang Kun and Wang Wei's dream.

Paragraph 2: Different attitudes between them.

Paragraph 3: The preparation before the trip and details about the Mekong River.

Activity 2: Scanning.

Students scan the passage and fill in the blanks.

Keys:

（1）The Lancang River is called the Mekong River in other countries.

（2）The source of the Mekong is in Qinghai Province.

（3）The river becomes rapids as it passes through deep valleys.

Activity 3: Careful reading.

Students read the whole passage carefully and do "T" or "F" exercises.

Keys:

（1）Yu Hang first bought a mountain bike two years ago.（F）

（2）We got the chance to take a bike trip after graduating from college.（T）

（3）Wang Wei is a stubborn and careful girl.（F）

（4）The journey would begin at an altitude of more than 5,000 meters， where it is hard to breathe and very cold. （T）

（5）When you travel along the Mekong River, you will see a glacier, rapids, valleys, plains and desert. （F）

Step 4: Post-reading.

What can we do to remember more details and remember them clearly?

Introduce the mind map to the students. Teach the students how to draw a mind map while reading, taking Paragraph One for example.

Activity:

Let the students choose one of the paragraphs and draw mind maps of that, then let the students show their maps.

Step 5: Summary.

Summarize what is learned in this lesson by watching mind maps of the passage.

Ⅴ Homework

1. Please challenge yourself by making a mind map for the whole passage.

2. According to your mind map, write a travel plan along the Mekong.

Ⅵ Blackboard design

Unit 3 Travel journal: Reading.

（1）Warming up.

（2）Pre-reading.

（3）While-reading.

Skimming;

Scanning;

Careful reading.

（4）Post-reading.

（5）Summary.

Period 3 Extensive Reading

Ⅰ Teaching analysis（教情分析）

1.Teaching objectives.（教学目标）

（1）Language goals.（语言目标）

① Key words & expressions.（重点词汇和短语）

a. For applying: wool, reliable, view, pillow, midnight, flame, beneath, valley, camp, temple, afford, population, as usual, change for, put up, at midnight, for company, think about, hardly wait to see, be similar to, in many ways, half of, afford to, look like, be made of, have the chance to do, make jokes, have lunch, come true.

b. For comprehending: especially, gradually, block, freeze, shine, colourful, butterfly, glove, trousers, T-shirt, shorts, make camp, put one's head down, stay awake, be tired from.

c. For recognizing: Xizang, yak, Dali, Laos, Cambodia, Vietnam, Phnom Penh, Vientiane, Ho Chi Minh City.

② Sentence structures.（句子结构）

a. Our legs were so heavy and cold that they felt like blocks of ice.

b. In the late afternoon we found it was so cold that our water bottles froze.

c. Have you ever seen snowmen ride bicycles?

d. In the valleys colourful butterflies flew around us and we saw many yaks and sheep eating green grass.

e. That's what we looked like!

f. Along the way children dressed in long wool coats stopped to look at us.

g. To climb the mountains was hard work but as we looked around us, we were surprised by the view.

h. At one point we were so high that we found ourselves cycling through clouds.

i. We will reach Dali in Yunnan Province soon, where our cousins Dao Wei and Yu Hang will join us.

j. We ate an early supper and went to see a great temple with floors made of silver.

k. ... Vietnam has almost seven times the population of Cambodia.

l. Although the flat delta made it easier for us to cycle，...

（2）Ability goals.（能力目标）

① Enable students to develop the students' reading skills by extensive reading.

② Enable students to learn to use different reading strategies to understand the text further.

③ Enable students to learn about how to write down what they saw, heard，did and thought during the trip.

（3）Emotion goals.（情感目标）

① Enable students to love and enjoy the nature.

② Enable students to develop their sense of group cooperation.

2. Teaching important & difficult points.（教学重难点）

（1）Teaching important points.（教学重点）

① How to understand the text better.

② How to get the students to grasp the usages of the key words, expressions and sentence structures in the passage.

（2）Teaching difficult points.（教学难点）

① How to let students understand the text better, preparing for a travel journal in future.

② How to enable students to understand some difficult and long sentences.

Ⅱ Student analysis（学情分析）

1. Fundamental state.（基本情况）

本课内容包括两部分：Part 2 A night in the mountain 和Part 6 The end of our journey，是主阅读篇章故事的继续和延伸，学生通过上一课时的学习，了解了王坤、王薇姐弟的旅行计划以及所做的准备。因此对他们的旅行充满了期待和好奇，有了想跟随文章一起领略大好山河的兴趣和渴望，主观上有了学习动机，这对于本课的学习是很有帮助的。本课记录了王坤、王薇姐弟俩在湄公河沿岸旅行途中在山间穿越，并在山上过夜的情形，以及一直沿着湄公河途经老挝、柬埔寨、越南，最后到达河流的入海口，实现了他们共同骑车游湄公河的梦想。通过阅读课文，学生可以仔细体会作者是怎样记录自己的所见所闻的，逐步为以后的写作积累文章框架方面的知识，为写作打下基础。学生慢慢地由欣赏、分析别人的旅行日记，到运用自己所学的英语单词、词组和句型，最终实现写自己的旅行日记。学生在这一过程中不断扩展知识，提升能力，从而获得由不熟悉到熟悉再到熟练掌握的学习体验。

2. Knowledge reserve.（知识储备）

通过上两节课的学习和积累，学生对本单元的主篇阅读中的重点词汇和句型已经有所掌握，学习了强调句型、insist后虚拟语气的用法等。本课涉及分词作定语、宾语补足语、定语从句、让步状语从句、结果状语从句、倍数表达法、形式宾语以及复合宾语的用法。

3. Class data.（本班实际）

教师掌握本班学生的实际情况。

Ⅲ Teaching methods（教法建议）

Question and answer method（问答法），discussion（讨论法），task-based teaching method（任务型教学法），combinations of introduction，practice and inquiry（讲练问结合法）。

Ⅳ Teaching aids（教学辅助）

A projector, a multi-media computer system and other normal teaching tools.

Ⅴ Teaching procedures（教学过程）

1. Lead-in and warming up.（导入和准备）

（1）Show students some pictures of Xizang and brainstorm the following questions: Have you ever been to Xizang? Can you tell me something about Xizang? Then ask some students to share information they know or stories they have experienced about Xizang with the whole class.

（Teachers write some key words on the blackboard and guide students to read in chorus, in preparation for use.）

（2）Predict in groups: what the text will tell us, what Wang Kun and Wang Wei saw, what they heard, what they did and what they thought according to the title and pictures on Page 22.

2. Reading practice.（阅读训练）

（1）Guide students to skim the reading passage—*A night in the mountains* to check their prediction first, then ask them to answer the question: How is the journal organized? Try to find the key words to support their ideas.

（Teachers can write the time in the text on the blackboard to attract students' attention.）

（2）Guide students to scan the passage to fill in the table.

Suggested answers:

see	snowfall
	clear sky
	bright stars
hear	almost no sound but that of the fire
do	ride bicycle in the snow
	change autumn clothes to winter clothes
	change winter clothes back to autumn clothes
	put up tents to make camp
feel	（legs）heavy and cold
	To climb the mountain was hard work, but to go down the hills was great fun
	can hardly wait to see their cousins

（3）Guide students to discuss these questions in pairs.

① What items are they carrying with them? What do you think they will have to leave behind in Dali? What should they take instead?

② How does Wang Kun feel about the trip now? What do you think changes his mind?

（Teachers walk around in the classroom to offer necessary help for students.）

3. Text interpretation.（文本解读）

（1）Further understanding.（深层理解）

Ask students to read the article carefully and decide whether the following statements are true（T）or false（F）.

① It already snowed in Xizang when they took a trip in Xizang in autumn.（ T ）

② They saw snowmen riding bicycles in the mountains.（ F ）

③ The lakes shone like glass in the rising sun and looked wonderful.（ F ）

④ Wang Wei usually rode in front of his brother.（ T ）

⑤ When they went down the hill, they felt cooler and had to change T-shirts and shorts for heavy clothes.（ F ）

⑥ After supper, we went to sleep quickly because we were tired.（ F ）

⑦ Wang Wei is so reliable that I need to encourage her.（ F ）

⑧ We saw colourful butterflies flying around us on the plains.（ F ）

（2）Difficult sentence structure.（难句理解与运用）

Guide students to analyze the following sentences and put them into Chinese.

① Our legs were so heavy and cold that they felt like blocks of ice.

② In the late afternoon we found it was so cold that our water bottles froze.

③ Have you ever seen snowmen ride bicycles?

④ In the valleys colourful butterflies flew around us and we saw many yaks and sheep eating green grass.

⑤ That's what we looked like!

⑥ Along the way children dressed in long wool coats stopped to look at us.

⑦ To climb the mountains was hard work but as we looked around us, we were surprised by the view.

⑧ At one point we were so high that we found ourselves cycling through clouds.

⑨ We will reach Dali in Yunnan Province soon, where our cousins Dao Wei and Yu Hang will join us.

（3）Emotion & culture.（情感与文化）

① Guide students to have a discussion：Why did " I "stay awake?

② Ask students the questions: Which countries does the Mekong River flow through? Where are they? And then ask students to predict if Wang Kun and Wang Wei could make their dream come true.

③ Guide students to read the passage—*The end of our journey* on Page 59 carefully, find out the similarities and differences among Laos, Cambodia and Vietnam and then fill in the table.

Topic	Laos	Cambodia	Vietnam
Population	half the population of Cambodia	twice the population of Laos	almost seven times the population of Cambodia
Weather	cool and dry in autumn		cooler in the north and much warmer in the south
Learning		half of its people couldn't read or write	
Farming	rice and fish	rice and fish	rice，fish and fruit

4. New points interpretation.（新知感悟）

（1）Discovering words & expressions.

① reliable *adj*. 可靠的；可信的

He is very reliable—if he promises to do something, he'll do it.

他非常可靠，答应要做的事情一定会做到。

【归纳拓展】

rely *vi*. rely on/rely upon 依靠；依赖

rely on/upon sb. /sth to do sth.指望某人/某物做某事

Nowadays we rely heavily on computers to organize our work.

现在，我们在很大程度上依赖电脑来安排我们的工作。

You can rely on me to keep your secret.

你可以相信我一定会为你保守秘密。

② view *n*. （个人的）意见，看法（= opinion）；视线；视野；观看，看；（从某处看到的）景色，风景

v. 把……视为；以……看待；看，观看；思考，考虑

写出下列句子中view的汉语意思：

a. In this lecture，I can only give you a purely personal view of how we can live life to the fullest.（观点，看法）

b. I walked up to the top of the hill with my friend，where we enjoyed a splendid view of the river.（景色，风景）

c. If we sit in the front of the bus，we'll have a better view.（视野）

d. People came from all over the world to view his work.（观看）

e. How do you view your position within your company?（看待）

【归纳拓展】

in one's view 在某人看来

come into view 进入视野；看得见

from one's point of view 在某人看来

in view of 鉴于；考虑到；由于

view... as 把……看作

用view的相关短语填空：

a. In view of his age, he has done the job very well.

b. When I walked in the street, a lovely cat came into view .

c. In his view/From his point of view, he can do the work better.

③ as usual 像往常一样；照常

After supper，my father and I went for a walk along the river as usual.

晚饭后，我和父亲像往常一样去河边散步。

Steve，as usual，was the last to arrive.

史蒂夫照例来得最晚。

【归纳拓展】

than usual 比平常；比以往……

The first snow came a month earlier than usual.

第一场雪比往年提早一个月。

He came back later than usual.

他比往常回来得晚。

④ put up 举起；使升高；张贴；留某人住在家中；建造，搭建；提高

说出put up 在各句中的汉语意思：

a. He put up his hand to catch the teacher's attention.（举起）

b. A new notice has been put up on the board.（张贴）

c. A new school will be put up where there used to be a theatre.（建造）

d. Will you put me up for the night?（留某人住在家中）

（2）Analyzing & using sentence patterns.（分析使用句型）

Our legs were so heavy and cold that they felt like blocks of ice.

我们的腿又冷又沉，感觉就像大冰块。

In the late afternoon we found it was so cold that our water bottles froze.

下午晚些时候，我们发现由于天冷我们水壶里的水都被冻住了。

At one point we were so high that we found ourselves cycling through clouds.

在某个时刻，我们发现自己置身高处，仿佛在骑车穿越云层。

注：so ... that ... 如此……以至于……，其中that在句中引导结果状语从句。

The boy ran so fast that I couldn't follow him.

男孩跑得太快，我跟不上。

He was so angry that he couldn't say a word.

他气得说不出一句话。

【归纳拓展】

so + *adj.* /*adv*... that ...

so + *adj.* +a/an + 单数可数名词 + that ...

so + many/few +复数名词 + that ...

so + much/little +不可数名词 + that ...

such ... that ... 如此…… 以至于……

such + a/an + *adj.* +单数可数名词 + that ...

such + *adj.* + 不可数名词 + that ...

such + *adj.* +复数名词 + that ...

一句多译：

a. 她是一个如此可爱的孩子，我们都喜欢她。

She is <u>such a lovely child</u> that we all like her.

She is <u>so lovely a child</u> that we all like her.

b. 天气热得我们睡不着觉。

It is <u>so hot that</u> we can't sleep.

It is <u>too</u> hot for us <u>to</u> sleep.

c. 这道题很简单，我能算出来。

The question is <u>so</u> easy <u>that</u> I can work it out.

The question is easy <u>enough</u> for me <u>to</u> work out.

5. Talking and sharing.（讨论与分享）

Ask students the questions:

（1）What have you learnt in this period?

（2）What do you still have problem with?

Ⅵ Homework（课后作业）

1. Go to your school library or surf the Internet to collect information about Xizang in order to make preparations for your travel journey.

2. Read the passage again and again, trying to understand the words and expressions in bold letters.

Period 4　Grammar and Writing

Ⅰ Teaching analysis（教情分析）

1. Teaching objectives.（教学目标）

（1）Language goals.（语言目标）

① Key words & expressions.（重点词汇和短语）

a. For applying: forecast, insurance, parcel, similar, future, pleasant, accident, besides, think of, get back, interview, conversation, poster, contact, taste, context, enjoyable, activity, service, Thursday.

b. For comprehending: continuous, express, medical, detail, address, calendar, cancel, subject, scenery， peach, depth, agency, destination.

c. For recognizing: draft, notepad, junk, bid, fathom.

② Sentence structures.

a. I hear that you are travelling along the Mekong River.

b. The weather forecast is not good so we are taking a large parcel of warm clothes with us.

c. Besides, we are taking out insurance to cover any problems.

d. I hope you'll have a pleasant journey.

e. I don't know what I'm doing this evening.

f. I keep wondering how you feel about ...

（2）Ability goals.（能力目标）

① Enable students to use the Present Continuous Tense to express future actions properly in different situations.

② Enable students to learn how to write an email.

③ Get the students to learn how to make a travel poster.

（3）Emotion goals.（情感目标）

① Enable students to communicate with others well by properly using the Present Continuous Tense in daily life.

② Enable students to express themselves well by writing excellent emails and making wonderful posters.

2.Teaching important & difficult points.（教学重难点）

（1）Teaching important points.（教学重点）

① How to get students to master the usage of the Present Continuous Tense to express future actions.

② How to get students to learn to write an email and a travel poster.

（2）Teaching difficult points.（教学难点）

① How to use the Present Continuous Tense to express future actions.

② How to write an email well.

Ⅱ Student analysis（学情分析）

1. Fundamental state.（基本情况）

学生在初中已经学习了现在进行时，掌握了现在进行时的基本用法。本单元将要学习现在进行时表将来的用法，这种表达比较生动，给人一种期待感。有了初中的英语语法知识做基础，本单元的现在进行时表将来的语法应该不难理解和掌握。在写作方面，学生先后学习了书信的写法和如何写海报，这些都为本单元的写作教学奠定了一定基础，在心理上减少了学生对写作的恐惧；再加上本单元前几个课时的学习，尤其是阅读课和听力课，都在内容上给本单元的写作提供了强大的支撑。在教师的正确引导和学生的积极配合下，写作任务应该可以顺利完成。

2. Knowledge reserve.（知识储备）

在语法方面，学生在初中已经学过现在进行时的基本用法；在写作方面，本册书Unit 1学习了书信的写法，Unit 2学习了如何写海报；本单元的第一课时已经使用了现在进行时。

3. Class data.（本班实际）

教师掌握本班学生的实际情况。

Ⅲ Teaching methods（教法建议）

Task-based teaching（任务型教学法），cooperative learning（合作学习法），discussion（讨论法），combinations of introduction，practice and inquiry（讲练问结合法）.

Ⅳ Teaching aids（教学辅助）

A projector, a multi-media computer system and other normal teaching tools.

Ⅴ Teaching procedures（教学过程）

1. Lead-in and warming up.（导入和准备）

Enjoy the song *Sailing* and fill in the blanks to present the Present Continuous Tense and think over the question " Are the Present Continuous Tenses here all for present actions? "

I am sailing, I am sailing
Home again across the sea.
I am sailing stormy waters.
To be near you, to be free.
I am flying, I am flying
Like a bird across the sky.
I am flying passing high clouds.
To be with you, to be free.
Can you hear me? Can you hear me?
Thru the dark night far away.
I am dying forever crying.
To be with you, who can say?
...

We are sailing. We are sailing

Home again across the sea.

We are sailing stormy waters.

To be near you, to be free.

Oh, Lord, to be near you, to be free.

2. New points interpretation.（新知感悟）

（1）Discovering structures.

Guide students to translate the following sentences and find the rules.

a. I'm leaving for Shanghai this weekend.

____

b. They are playing football on the playground after class .

____

c. We are going to Hainan this winter holiday.

____

d. They had an English class this morning, and they are having another English class tomorrow.

____

e. We are flying to Hong Kong next Saturday.

____

f. We have arrived in Beijing. We're visiting the Great Wall tomorrow morning.

____

Conclusion：be + *v*. -ing表示按计划或安排即将发生的动作，常与表示将来的时间连用。这种结构中常用动作动词或去向动词go，come，leave，start，arrive，travel，fly，give，return，sleep，stay， play，spend，do，take，get，see，off，drive，walk，reach，meet等，不适用于状态动词。

（2）Using structures.

① A newspaper reporter is interviewing Wang Wei about her plans for the trip along the Mekong River. However, they are not sure about some of the verb tenses. Get students to help them complete their conversation. Do Exercise 2 on Page 21. Then check the answers with the whole class.

② Ask students to fill in the blanks, and then check answers.

a. Kate is flying（fly）to Beijing by plane this afternoon. The plane leaves（leave）at 4：00 p. m. Her parents are seeing（see）her off. It's half past one now. They are waiting（wait）for a taxi outside.

b. The Smiths are going（go）to Sichuan Province by train next week. They are staying（stay）in Chengdu for a week. Then they are going（go）to Xi'an. They are getting（get）there by air.

c. He is always throwing（throw）books about. Look，what a mess in his study！ His friends are coming（come）to his birthday party this evening. His mother is（be）busy getting（get）ready for the birthday dinner.

3. Practice in class.（反馈与巩固）

Translate the following sentences into English using the Present Continuous Tense for future actions.

a. 我妈妈星期五动身去大连。

____

b. 你们什么时候动身？

____

c. 迈克明天去参观长城。

____

d. 下课后我们打算在操场打篮球。

____

e. 我妈妈不久将给我买一辆自行车。

____

4. Writing.

（1）Lead-in and warming up.（导入与准备）

Ask students if they have any plans for the future themselves. If any, please use the Present Continuous Tense to express their future actions. Do Exercise 3 on Page 21.

（2）Discussing and writing.（讨论与表达）

Guide students to imagine that he or she is a friend of Wang Kun. Write a short e-mail to him asking about Laos.

① Brainstorm some questions that they want to know in pairs：

How was your trip?

What did you see?

What did you do when ...?

What is the food like in Laos?

When did you come back?

Could you give me more details about ...?

② Choose two or three questions and use each as a new paragraph.

（3）Improving and beautifying.

① Guide students to use the sentence patterns they have learned in this unit to translate the following sentences.

a. 我急切地想知道你旅行的情况，以至于我马上写信给你。（so... that）

I'm so eager to know about your trip that I write to you at once.

b. 我宁愿你坐飞机回来，也不愿你骑车回来。（prefer to do... rather than）

I prefer you to come back by plane rather than ride a bicycle.

c. 不管你什么时候回来，我都去机场接你。（no matter when ...）

No matter when you come back, I will pick you up at the airport.

d. 我迫不及待地想收到你的回信。（can't wait to...）

I can't wait to hear from you.

② Guide students to use the following expressions in the email.

a. How are you these days?

b. I keep wondering how you feel about ...

c. Have fun. /Have a nice/good time.

d. Say hello to ... /Give my love/ best wishes to ...

e. Good luck on your journey.

f. Take care.

③ Write a short email to Wang Kun, check the mistakes first by themselves and then exchange their writing with their partner and correct each other's mistakes.

5. Talking and sharing.（讨论与分享）

（1）What have you learnt in this period?

（2）What do you still have problem with?

Ⅵ Homework（课后作业）

1. Ask students to rewrite their email to Wang Kun in their exercise

book.

2. Imagine that you and your group members run a travel agency that gives tours of famous places in your hometown. Make a poster advertising a tour to get more business for your agency using the model on Page 60 to help you.

3. Finish the exercises on Guidance on Learning.

参考文献

［1］邵朝友，周文叶，崔允漷. 基于核心素养的课程标准研制：国际经验与启示［J］. 全球教育展望，2015（8）：14–22.

［2］姜宇，辛涛，刘霞，等. 基于核心素养的教育改革实践途径与策略［J］. 中国教育学刊，2016（6）：29–32.

［3］钟启泉. 基于核心素养的课程发展：挑战与课题［J］. 全球教育展望，2016（1）：3–25.

［4］张华. 论核心素养的内涵［J］. 全球教育展望，2016（4）：10–24.

［5］屠莉娅. 基于变革社会的视角：核心素养阐发与建构的再思考［J］. 全球教育展望，2016（6）：3–16.

［6］刘义民. 国外核心素养研究及启示［J］. 天津师范大学学报（基础教育版），2016，17（2）：71–76.

［7］吕晓蕊. 基于学生核心素养的校本课程建设——以上海市F学校为个案［D］. 上海：华东师范大学，2016.

［8］郭翔飞，程晓堂. 培养学生核心素养课程改革的国外经验及启示［J］. 黑龙江高教研究，2016（9）：63–66.

［9］徐洁，马倩. 我国核心素养研究的现状与展望——基于2013—2016年CNKI文献的可视化分析［J］. 教育学术月刊，2017（6）：39–45.

［10］廖国荣. 基于核心素养的高中英语阅读教学［J］. 亚太教育，2016（25）：56.

［11］束定芳. 关于英语学科核心素养的几点思考［J］. 山东外语教

学，2017，38（2）：35–41.

［12］卓秀霞，姚桂招. 高中英语教学设计中学生核心素养的培养［J］. 佳木斯职业学院学报，2017（6）：210–211.

［13］刘媛. 核心素养框架下高中英语教学的思考［J］. 南昌师范学院学报（综合），2016，37（6）：136–137.

［14］陶百强. 基于核心素养的英语学考与高考命题探讨［J］. 中国考试，2017（4）：25–33.

［15］孙起华. 培养英语核心素养背景下的课堂教学设计探究［J］. 天津师范大学学报（基础教育版），2017，18（2）：57–61.

［16］赵倩茹. 高中英语教师教学方法的研究——以西安市第六十六中和长庆二中为例［D］. 西安：陕西师范大学，2013.

［17］袁春平. 和谐英语课堂构建策略研究［D］. 重庆：西南大学，2008.

［18］林新事. 英语课程与教学研究［M］. 杭州：浙江大学出版社，2008.

［19］高洪德. 高中英语新课程理念与教学实践［M］. 北京：商务印书馆，2005.

［20］舒白梅，向宗平. 英语课程与教学论［M］. 武汉：华中师范大学出版社，2010.

［21］王继平. 建构主义教学模式在高中英语教学中的应用研究［D］. 桂林：广西师范大学，2005.

［22］黄少珍. 新课程标准下的高中英语教学研究［D］. 福州：福建师范大学，2003.

［23］刘桂影. 我国中学英语教学范式发展与变革研究——基于跨文化的视角［D］. 重庆：西南大学，2013.

[24] 罗云珍. 中国英语教学中的文化教学：问题与对策 [D]. 福州：福建师范大学，2003.

[25] 李云默. 情感因素与中学英语教学 [D]. 桂林：广西师范大学，2004.

[26] 宋艳. 高中英语教学中跨文化交际意识培养的现状调查与分析 [D]. 济南：山东师范大学，2011.

[27] 王英杰. 发展性英语教学评价体系的建构 [J]. 现代教育科学（普教研究），2009（6）：89-90.

[28] 张海舰. 基于反思的发展性教育实习评价研究 [D]. 曲阜：曲阜师范大学，2005.

结束语

在“核心素养”成为教育领域探讨“热词”的今天，核心素养的教育与测评越来越受到全球的关注，甚至成为许多国家或地区制定教育政策、开展教育改革的基础。核心素养更加关注学生的知识与技能、情感态度与价值观等综合方面的发展。面对日新月异的社会与经济变革，全球许多国家或地区都在思考如何培养未来的公民，以使其能够更好地适应未来的工作与生活。基于核心素养来完善各学科的教学建设是国家大力倡导的教育理念之一，同时也体现了国家对教育事业及其发展的关注和重视，饱含了国家助力学生赢在起跑线上的殷切希望。

师者，传道授业解惑也。教师是知识的传递者，更是希望的播种者。对于高中英语教学建设，高中英语教师需要积极贯彻核心素养理念，促进核心素养为英语教学注入新的活力，在此基础上，力求培养学生听、说、读、写等多方面的综合能力。在课程建设方面，高中英语教师应积极建言献策，善于发现课程制度中的瑕疵，找寻课程与核心素养多元结合的方法，为课程深入融合核心素养助力。教学是实现课程目标、落实教育理念的根本途径，高中英语教师应善于主动发挥主观能动性，将核心素养渗透于各个教学环节中，积极创新教学思路和策略，做到既在无形中培养学生的核心素养，又在教学中处处体现核心素养的理念。核心素养的提出，促进了教师的反思和总结，促使教师在教学中不断取得新的进步。

在时代发展和变革过程中，作为平凡的高中英语教师，应该紧跟教育发展脚步，把握正确的学科建设方向，在核心素养的理念下，将英语课堂组织得更加高效、更加完善，以促进英语的教学建设收获更多成果。